미래와 통하는 책

동양북스 외국어
베스트 도서

700만 독자의 선택!

새로운 도서,
다양한 자료
동양북스
홈페이지에서
만나보세요!

www.dongyangbooks.com
m.dongyangbooks.com

※ 학습자료 및 MP3 제공 여부는 도서마다 상이하므로 확인 후 이용 바랍니다.

홈페이지 도서 자료실에서 학습자료 및 MP3 무료 다운로드

PC

❶ 홈페이지 접속 후 도서 자료실 클릭
❷ 하단 검색 창에 검색어 입력
❸ MP3, 정답과 해설, 부가자료 등 첨부파일 다운로드
  * 원하는 자료가 없는 경우 '요청하기' 클릭!

MOBILE

* 반드시 '인터넷, Safari, Chrome' App을 이용하여 홈페이지에 접속해주세요. (네이버,
  다음 App 이용 시 첨부파일의 확장자명이 변경되어 저장되는 오류가 발생할 수 있습니다.)

❶ 홈페이지 접속 후 ☰ 터치

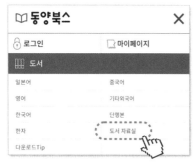

❷ 도서 자료실 터치

❸ 하단 검색창에 검색어 입력
❹ MP3, 정답과 해설, 부가자료 등 첨부파일 다운로드
  * 압축 해제 방법은 '다운로드 Tip' 참고

중국어뱅크

중국어, 똑똑하게 배우자!

스마트 중국어

김현철 · 김은희 지음
랑페이 · 웨이홍 감수

STEP

최신
개정

4

SMART

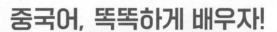

동양북스

스마트
중국어 STEP 4

개정 1쇄 인쇄 | 2023년 5월 15일
개정 1쇄 발행 | 2023년 5월 20일

지은이 | 김현철, 김은희
발행인 | 김태웅
편집주간 | 박지호
편집 | 김상현, 김수연
디자인 | 남은혜, 김지혜
마케팅 | 나재승
제작 | 현대순

발행처 | (주)동양북스
등   록 | 제 2014-000055호
주   소 | 서울시 마포구 동교로22길 14 (04030)
구입 문의 | 전화 (02)337-1737   팩스 (02)334-6624
내용 문의 | 전화 (02)337-1762   dybooks2@gmail.com

ISBN 979-11-5768-858-6 14720
ISBN 979-11-5768-854-8 (세트)

소통 중국어! 표현 중국어!

소통과 표현 중심의 언어교육은 이미 여러 언어에서 실시되고 있으며, 중국어 교육현장에서도 운용되고 있습니다. 이 책은 중국어 표현력을 길러 중국인과 소통하며 중국을 이해할 수 있도록 통합적으로 고안하고 구성한 새로운 형태의 결과물입니다.

같은 표현을 상황별로 재구성하여 학습자들에게 다양한 표현을 익힐 수 있게 하였을 뿐만 아니라 표현 확장을 용이하게 하기 위하여 다양한 장치를 이용하였습니다. 주어진 상황 등의 코너를 중심으로 전체 내용이 유기적으로 구축되어 있어, 천천히 따라가기만 하면 내용을 쉽게 이해할 수 있게 만들어져 있습니다.

특히 중국어를 처음 시작하는 국내의 초급 학습자를 위하여 배경을 한국으로 설정하는 새로운 시도를 감행하였습니다. 즉 중국어 학습을 통해 한국 문화를 널리 알릴 수 있는 좋은 기회이자 한국의 문물과 생활문화를 소개할 수 있도록 구성하였습니다.

소통에는 노력이 필요합니다!
그리고 소통하기 위해서는 잘 표현해야 합니다!

외국어를 능숙하게 표현하고자 한다면 많은 시간과 연습이 필요합니다. 그리고 체계적이고 과학적으로 검증된 학습시스템이 필요합니다. 여기에 한 가지 더, 바로 좋은 교재와 그 교재를 잘 활용할 수 있는 선생님 역시 필요합니다. 우리는 이제 무턱대고 따라 하며 학습하던 시대를 뒤로 하고, 멋지고 유익하며 감탄! 할 수 있는 그런 교재로 공부해야 합니다.

수많은 중국어 책이 시중에 나와 있음에도 불구하고 흔쾌히 새로운 시도를 허락하시고 헌신적으로 출판을 도와주신 동양북스 식구들께도 이 자리를 빌려 감사의 말씀 드립니다. 좋은 분들과 아름다운 생각을 할 수 있어 즐거웠습니다. 그리고 그런 생각들을 이 책을 들고 계신 여러분들에게 전할 수 있어 행복합니다.

재치 있고, 민첩하게, 그리고 빈틈없으며 아는 것이 많은 것이 바로 스마트한 것입니다. 스마트한 중국어를 모아 놓은 『중국어뱅크 스마트 중국어』로 여러분 모두 원활하게 소통하시기 바랍니다.

김현철, 김은희 드림

차례

07

08

09

10

11

12

이 책의 활용법

주요 학습 내용

매 과에서 배우게 될 학습 목표와 기본 표현을 알 수 있습니다.

단어

회화에 나올 단어를 미리 학습할 수 있습니다.

회화 & 독해

회화는 각 과의 주제와 관련된 두 개의 상황으로 이루어져 있으며, 일부 내용은 보충 설명하였습니다. 독해에서는 회화에서 다룬 내용을 서술 형식으로 정리하여 읽기 능력을 향상시킬 수 있습니다.

어법

본문 회화에 포함된 어법 사항을 간단하게 설명하고, 바로 실력을 다질 수 있는 확인 문제를 수록하였습니다.

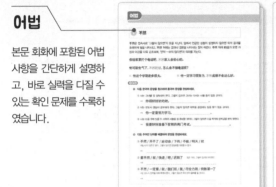

표현 확장 연습

본문에서 배운 기본 회화 표현을 이용해 다양한 표현을 확장 연습할 수 있도록 하였습니다.

연습

新 HSK 문제와 동일한 유형으로 출제하여 듣기와 읽기 능력을 향상시킬 수 있습니다.(쓰기·말하기는 워크북에서 향상시킬 수 있도록 하였습니다.)

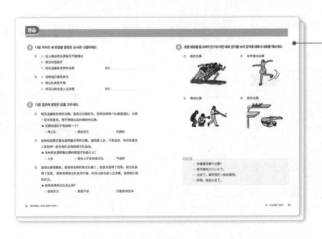

문화

각 과의 주제와 관련된 중국 문화 이야기가 생생한 사진 자료와 함께 수록되어 있습니다.

복습과(6,12과)

필수 단어

각 복습과에서는 1~5과 / 7~11과에 나왔던 단어 중 주요 단어를 주제별로 수록하였습니다. 배운 단어를 그림과 함께 재미있게 외울 수 있습니다.

필수 회화

앞 과에서 배운 회화 중 상황별 주요 표현을 복습할 수 있도록 10개의 상황으로 나누어 정리하였습니다.

단어 익히기

재미있게 단어를 익히고 연습할 수 있도록 퍼즐, 줄긋기, 빙고 게임 등 흥미로운 문제들로 복습할 수 있도록 하였습니다.

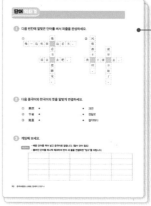

회화 익히기

배운 회화 내용을 제시된 단어와 문장을 이용하여 연습할 수 있도록 하였습니다.

쓰기 연습하기

주어진 우리말 뜻에 해당하는 중국어 단어를 쓰면서, 배운 단어의 한자 쓰기 연습을 할 수 있도록 하였습니다.

본문 받아쓰기 & 스피킹 훈련

워크북을 통해 스피킹 연습을 할 수 있습니다.
Step1: 듣고 따라 읽으며 회화 빈칸 채우기
Step2: 역할 바꿔 말하기

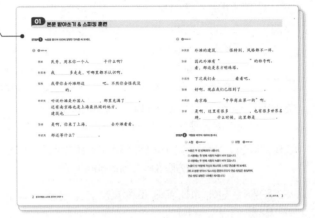

연습문제

본책에 듣기와 읽기 중심의 연습문제가 제공되었다면, 워크북에서는 말하기와 쓰기 중심의 문제를 수록하였습니다. 본책과 워크북을 통해 듣기 · 말하기 · 읽기 · 쓰기 능력을 골고루 갖출 수 있습니다.

- 이 책의 회화 및 독해 내용은 배경이 중국이라는 상황하에 집필되었습니다. (건물명, 거리명 등)

- 이 책의 고유명사는 다음과 같이 표기하였습니다.

  인명 한국인명은 한글로 표기하고, 중국인명은 중국어 발음으로 표기하였습니다.
  > 예 朴民秀 Piáo Mínxiù → 박민수(한국인)　　张林 Zhāng Lín → 장린(중국인)

  지명 중국 지명은 중국어 발음으로 표기하였지만 한글로도 함께 표기하였고, 그 외의 국명 및 지역명은
  한글로 표기하였습니다.
  > 예 外滩 Wàitān 와이탄(외탄)　　　　黄浦江 Huángpǔ Jiāng 황푸지앙(황포강)
  > 　　西班牙 Xībānyá 스페인　　　　　荷兰 Hélán 네덜란드

  음식명 중국 음식명은 중국어 발음으로 표기하였습니다.
  > 예 糖醋里脊 tángcùlǐjí 탕추리지　　　火锅 huǒguō 훠궈

  건물/거리명 건물이나 거리명은 한글로 표기하였습니다.
  > 예 东方明珠塔 Dōngfāngmíngzhū Tǎ 동방명주탑　　南京路 Nánjīng Lù 남경로

- MP3 음원에는 단어, 회화, 독해, 표현 확장 연습, 연습문제의 듣기 문제가 녹음되어 있으며, 본문에 녹음
  트랙 표시를 해 두었습니다.

- 단어의 품사약어는 다음과 같습니다.

명사	명	형용사	형	고유명사	고유	접미사	접미	수량사	수량
동사	동	조동사	조동	접속사	접	인칭대사		어기조사	
부사	부	양사	양	감탄사	감	의문대사	대	시태조사	조
수사	수	개사	개	접두사	접두	지시대사		구조조사	

등장인물 소개

박민수(朴民秀)

중국 대학에 교환학생으로 온 한국인으로, 중국에서 장린과 친한 친구 사이가 된다. 중국어 실력 향상을 위해 장린에게 중국인 룸메이트를 구해달라는 부탁도 하고, 태극권을 잘하는 장린에게 가르침을 청하기도 할 만큼 중국어 학습과 중국 문화를 배우는 데 있어서 아주 적극적이고 열정적이다. 중국으로 교환학생을 오며 겪게 되는 그의 중국 생활 체험기, 함께 경험해 보자!

장린(张林)

중국 대학교에 다니며 기숙사에서 생활하고 있는 여학생이다. 중국으로 교환학생을 오게 된 민수가 이사할 때 여러 가지 도움을 주었고, 민수에게 태극권도 가르쳐 주고 자신의 고향 집에 민수를 초대하여 중국 생활을 직접 체험할 수 있게 해주는 등 중국 문화를 적극적으로 알리는 중국 문화 전도사이다. 내게도 이런 중국인 친구가 있다면 중국 생활이 무척 즐거울 것이다!

장린(张林)의 부모님

민수는 장린에게 저녁 식사를 초대받아 장린의 집을 방문하게 되었다. 하지만 저녁 밥을 하고 있는 사람은 장린의 어머니가 아닌, 장린의 아버지! 한국과는 다른 놀라운 광경에 민수는 장린에게 중국의 가정 문화에 대해 듣게 된다. 밥은 아버지가, 빨래와 방 정리는 어머니가 책임지고 있다는 이야기를 듣고, 민수는 한국과 중국의 가정 문화에 대한 차이를 실감한다.

逛上海外滩。

상하이 와이탄을 거닐다.

학습
목표

❶ 상하이의 유명한 관광지를 알고 관광과 관련된 일상표현을 익힌다.

❷ 조건관계를 나타내는 표현과 형용사 중첩형식을 배운다.

기본
표현

❶ 不然你会怪我没尽地主之谊的。

❷ 你来了上海，说什么也得去外滩看看。

❸ 说走就走吧。

❹ 不管什么时候，这里都是热热闹闹的。

外滩 Wàitān [고유] 와이탄[지명, 외탄]

闷 mēn [동] 나가지 않고 집안에 있다

倒是 dàoshì [부] 오히려, 도리어[전환의 어기를 나타냄]

不然 bùrán [접] 그렇지 않으면

怪 guài [동] 책망하다, 원망하다

地主之谊 dìzhǔ zhī yì 주인의 의무, 주인 된 도리를 다하여 손님을 잘 대접하다

风情 fēngqíng [명] 풍토와 인정, 지역적 특색

南京路 Nánjīng Lù [고유] 남경로[거리명, 상하이에서 가장 오래되고 번화한 상업지역]

建筑 jiànzhù [명] 건축물

果然 guǒrán [부] 과연

风格 fēnggé [명] 풍격

博览 bólǎn [동] 폭넓게 보다, 두루 다독하다

称号 chēnghào [명] 칭호

东方明珠塔 Dōngfāngmíngzhū Tǎ [고유] 동방명주탑[=오리엔탈 펄 타워]

步行街 bùxíngjiē [명] 보행자 거리

不愧 búkuì [동] ~라고 할만하다, 손색이 없다

商业街 shāngyèjiē [명] 상점가

中华 Zhōnghuá [명] 중국, 중화

老字号 lǎozìhào [명] 대대로 내려온 전통 있는 브랜드나 가게

名牌 míngpái [명] 유명 브랜드

1 탐방 계획 세우기

▶ 01-02

张林　　民秀，周末你一个人闷在家里干什么啊?

朴民秀　我倒是想出去多走走，可哪里都不认识啊。

张林　　我带你去外滩那边逛逛吧。
不然你会怪我没尽❶地主之谊的。

> ❶尽은 '이행하다, ~를 다하다'의 의미를 지닌다.

朴民秀　听说外滩是外国人必去之地，那里充满了异国风
情。还有南京路也是上海最热闹的地方，建筑也
很有特色。

张林　　是啊，你来了上海，说什么也得去外滩看看。

朴民秀　那还❷等什么? 说走就走吧。

> ❷还는 '더'를 뜻한다. 즉 이 문장은 '그렇다
> 면 무엇을 더 기다리니?'라는 의미의 반문
> 형식으로, '더 기다릴 필요가 없다'는 부정
> 적인 의미를 나타낸다.

问一下

民秀和张林打算去哪儿?

② 도시를 탐방하다　　　　　　　　　　　　　　　▶ 01-03

朴民秀　外滩的建筑果然很特别，风格都不一样。

张林　因此外滩有"万国建筑博览"的称号啊。看，那边是东方明珠塔。

朴民秀　下次我们去东方明珠塔看看吧。

张林　好啊。现在我们已经到了南京路步行街。

朴民秀　南京路真不愧❸是"中华商业第一街"啊。

> ❸ 不愧는 是 또는 为와 함께 쓰이며 '어떤 칭호와 대우에 걸맞다'는 뜻을 지닌다.

张林　是啊，这里有很多中华老字号❹，也有很多世界名牌。不管什么时候，这里都是热热闹闹的。

> ❹ 中华老字号는 중국의 유구한 역사와 문화적 전통을 가지고 있는 브랜드를 지칭한다.

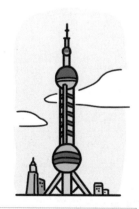

问一下

在南京路有什么建筑?

3 상하이 와이탄과 남경로

▶ 01-04

　　民秀到上海很长时间了，但是一直没出去逛过。为了尽地主之谊，周末张林打算带民秀去逛外滩和南京路。外滩是外国人来上海必去之地，因为那里有很多异国风格的建筑物。民秀和张林从外滩一直走到了南京路步行街。南京路有很多中华老字号，也有很多世界名牌。不管什么时候，这里都是热热闹闹的。

问一下

张林为什么带民秀去逛外滩和南京路？

어법

1 不然

不然은 접속사로 '그렇지 않으면'의 뜻을 지닌다. 앞에서 언급한 상황이 발생하지 않으면 뒤의 결과를 초래하게 됨을 나타내고, 不然 뒤에는 결과나 결론을 나타내는 절이 따른다. 不然 뒤에 的话가 오면 가정의 어감을 더욱 강조하며, '만약 ~하지 않다면'의 의미를 지닌다.

你给家里打个电话吧, 不然家人会担心的。

他可能生气了, 不然的话, 怎么会不接电话呢?

A: 他这个学期进步很大。　　　　B: 他一定学习很努力, 不然成绩不会这么好。

확인문제

❶ 다음 한국어 문장을 참고하여 중국어 문장을 완성하세요.

① 너는 그녀를 잘 설득해야 한다. 그렇지 않으면 그녀는 다시는 너를 돕지 않을 것이다.

→ 你得好好劝劝她, _____。

② 너는 반드시 열심히 공부해야 한다. 그렇지 않으면 대학을 졸업해도 일을 찾기 힘들 것이다.

→ 你一定要努力学习, _____。

③ 나는 다음 주에 있을 두 과목의 시험을 잘 준비할 것이다. 그렇지 않으면 다음 학기에 장학금을 받지 못한다.

→ 我要好好准备下星期的两门考试, _____。

❷ 다음 주어진 단어를 배열하여 문장을 완성하세요.

① 不然 / 开不了 / 运动会 / 下雨 / 不能 / 明天 / 就
내일 비가 오면 안 된다. 그렇지 않으면 운동회를 개최할 수 없다.

→ _____

② 要不然 / 就 / 快走 / 吧 / 迟到了　　얼른 가자, 그렇지 않으면 지각한다.

→ _____

③ 不然 / 一定要 / 就 / 我们班 / 我 / 尽全力跑 / 倒数第一了
나는 반드시 전력을 다해 뛰어야 한다. 그렇지 않으면 우리 반이 꼴찌를 할 것이다.

→ _____

② 说什么也……

'어쨌든, 하여튼, 어찌 하더라도'의 뜻으로, 상대방이 어떠한 말을 해도 자신의 생각은 바뀌지 않는다거나 혹은 어떠한 상황이 바뀌지 않음을 나타낼 때 쓰인다.

妈妈的话, 他说什么也听不进去。

这家餐厅真不怎么样, 下次说什么也不会再来了。

A: 你怎么还不睡觉?

B: 我说什么今天也得把这本书看完。

확인문제

❶ 문맥에 맞게 다음 문장을 완성하세요.

① 这是很难获得的资料, _____。

　　이는 얻기 힘든 자료이니, 나는 어떻게 해서라도 전부 검토할 것이다.

② 今年, _____。　　올해, 나는 어떻게 해서라도 수영을 배울 것이다.

③ 明明是我最好的朋友, 他有困难, _____。

　　밍밍이는 내 가장 좋은 친구이며, 그에게 어려움이 닥치면, 나는 어떻게 해서라도 그를 도울 것이다.

❷ '说什么也……'를 이용하여 보기와 같이 다음 문장을 바꿔 말해보세요.

> **보기**
>
> 今年冬天我一定要去一趟滑雪场。
>
> → 今年冬天我说什么也要去一趟滑雪场。

① 作为儿女一定要孝敬父母。　　　→ _____

② 今天必须把明年的预算做出来。　→ _____

③ 新的一年, 老师, 您一定要保重身体。→ _____

③ 说+동사1+就+동사2

'~한다고 했으면 반드시 ~한다'라는 뜻으로, 어떤 행동을 바로 실천에 옮길 것임을 강조하는 표현이다. 여기에 나오는 동사1과 동사2는 서로 같은 동사가 쓰인다.

说去就去, 已经没有时间了。

说买就买, 看来在这儿卖的最便宜。

A: 你给我们唱一首歌吧。

B: 好, 说唱就唱, 你们想听什么歌?

확인문제

❶ 괄호 안의 단어와 '说+동사1+就+동사2' 형식을 이용하여 문장을 완성하세요.

① _____? 这里不能随便停车。(停)
당신은 어째서 주차한다고 하고 바로 주차해 버렸나요? 이 곳은 마음대로 주차할 수 없습니다.

② _____, 需要不断地努力。(找)
일자리는 찾는다고 해서 바로 찾을 수 있는 것이 아닙니다. 끊임없는 노력이 필요해요.

③ 她考试没考好, _____。(哭)
그녀는 시험을 잘 못 봐서, 울음이 터질 것 같다고 하고는 바로 울어버렸다.

❷ 다음 주어진 문장의 밑줄에 들어갈 내용을 보기에서 고르세요.

> **보기**
>
> A 钱说没就没了　　　B 说去就去了　　　C 天说变就变了

① 他一直想去法国留学, 大学一毕业, _____。

② 上午天气还很好呢, 下午_____。

③ 最近超市的东西真贵啊, 逛一次超市_____。

④ 不管……都……

不管은 '상관하지 않다, 간섭하지 않다'의 의미로, 접속사로 쓰이면 '~에 관계없이, ~을 막론하고'의 뜻이 되며 구어체에서 많이 쓰인다. 不管 뒤에는 보통 선택의문문, 정반의문문, 의문사가 많이 오는 편이며, 뒤 문장에는 보통 都나 也를 수반한다.

不管你吃还是他吃, 我们也吃不了这么多菜。

不管你去不去, 我们都要出发。

A: 她真是一个认真的人。

B: 是啊, 不管做什么工作, 她都会坚持到底。

확인문제

❶ 다음 문장에서 틀린 부분을 찾아 바르게 고치세요.

① 不管你去, 都要告诉我。　　　　　→ _____

② 不管是谁, 不能同意你的观点。　　→ _____

③ 明天尽管下不下雨, 我们都要出差。 → _____

❷ 괄호 안의 단어와 不管을 이용하여 문장을 완성하세요.

① _____, 他都会一直说下去的。 (你/听)
네가 듣든지 말든지, 그는 계속해서 말할 것이다.

② _____, 我都要把这辆自行车修好。 (用/方法)
어떤 방법을 쓰든지, 나는 이 자전거를 수리할 것이다.

③ _____, 她都穿裙子。 (夏天/冬天)
여름이든 겨울이든, 그녀는 치마를 입는다.

⑤ 형용사중첩 1

형용사중첩은 사람이나 사물을 더욱 생생하게 묘사하기 위해서 쓴다. 원래 사람이나 사물의 성질을 나타내는 A, AB 형태의 형용사는 각각 AA, AABB식으로 중첩하는데, 이 형식은 '很+형용사'의 의미로 변하기 때문에, 형용사를 중첩하면 很이나 非常 등의 부사와 함께 쓰면 안 된다.

弟弟今年两岁了, 小脸儿胖胖的, 非常可爱。

教室里安安静静的, 大家都在看书。

A: 他是一个很爱干净的人吧?
B: 是啊, 他总是把房间打扫得干干净净的。

비유의 의미를 나타내는 형용사는 AABB식으로 중첩하면 안 되고 ABAB식으로 중첩해야 한다. 비유의 의미를 나타내는 형용사에는 雪白, 冰凉, 笔直, 飞快 등이 있다.

我家小狗的毛雪白雪白的, 很漂亮。

他生病了, 手冰凉冰凉的。

확인문제

❶ 주어진 문장의 밑줄에 들어갈 내용을 보기에서 고르세요.

> **보기**
>
> | 舒舒服服 | 清清楚楚 | 认认真真 | 早早 |

① 今天有考试, 所以同学们都_____到了教室_____地复习。

② 你没看见墙上_____地写着"禁止吵闹"四个字吗?

③ 放学后, 他喜欢_____地躺在沙发上看电视。

② 괄호 안의 단어를 이용하여 문장을 완성하세요.

① 暑假我去了新疆，那儿有_____的山，_____的河，那儿的天空

____的，那儿的葡萄也____的。(甜 / 高 / 长 / 蓝)

② 她这次_____地通过了考试。(顺利)

③ 她的房间天天都是_____的，自己也打扮得_____的。

(干净 / 漂亮)

▶ 01-05

①

别再看电视了,不然妈妈又要批评你了。

吃冰淇淋	肚子要疼
睡懒觉	上学又要迟到
买衣服	生活费又要不够

응용 연습

A 这个冰淇淋真好吃。

B 别再吃冰淇淋了,不然肚子要疼了。

②

妹妹伤心时说哭就哭。

拿到试卷	写	写
高兴	唱	唱
生气	走	走

응용 연습

A 你的妹妹为什么哭呀?

B 我的妹妹伤心时说哭就哭。

③

不管多麻烦,我都会帮你。

困难	坚持
贵	买
累	完成任务

응용 연습

A 你今天还打算熬夜吗?

B 是啊,不管多累,我都会完成任务。

1 녹음을 듣고 주어진 문장과 일치하면 √를, 일치하지 않으면 ×를 표시하세요. ▶ 01-06

① 他这个学期进步很大。 ② 我很喜欢这家餐厅。

③ 我弟弟胖胖的。 ④ 我吃不了这么多菜。

2 녹음을 듣고 질문에 알맞은 대답을 고르세요. ▶ 01-07

① A 一定去 B 下雨就不去 C 不去

② A 睡觉 B 看书 C 上课

③ A 很乱 B 不干净 C 很干净

④ A 唱歌 B 听男的唱的歌 C 劝男的唱歌

3 다음 빈칸에 들어갈 알맞은 단어를 고르세요.

보기

A 不管 B 什么也 C 就 D 不然

① 那还等什么？说走 _____ 走吧。

② 你来了上海，说 _____ 得去外滩看看。

③ _____ 什么时候，这里都是热热闹闹的。

④ 你给家里打个电话吧， _____ 家人会担心的。

4 다음 주어진 세 문장을 알맞은 순서로 나열하세요.

① A : 因为那里是外国人必去之地

B : 民秀周末一个人在家里

C : 张林想带他去外滩　　　　　　　　　　정답 : _____

② A : 民秀和张林到了南京路步行街

B : 还说，不管什么时候，这里都是热热闹闹的

C : 张林说这里有很多世界名牌　　　　　　정답 : _____

5 다음 질문에 알맞은 답을 고르세요.

① 民秀和张林到了南京路步行街，他们觉得这里热热闹闹的。民秀向张林说，下次去东方明珠塔看看。张林就答应了。

★ 他们下次打算去哪儿？

A 南京路　　　　　B 外滩　　　　　C 东方明珠塔

② 民秀和张林去外滩看了东方明珠塔。民秀觉得外滩的建筑很特别，风格都不一样。张林告诉民秀外滩有"万国建筑博览"的称号。

★ 什么地方有"万国建筑博览"的称号？

A 东方明珠塔　　　　B 外滩　　　　　C 外滩的建筑

③ 南京路有很多中华老字号，也有很多世界名牌。所以民秀和张林觉得南京路不管什么时候都是热热闹闹的。

★ 南京路没有什么？

A 索菲亚教堂　　　　B 中华老字号　　　　C 世界名牌

6 본문 회화를 참고하여 친구를 데리고 어디에 갈지에 대해서 대화를 해보세요.

① 健身房 / 年轻人

② 宿舍食堂 / 新生

③ 外文书店 / 留学生

④ 上海新天地 / 外国人

참고대화

A : 周末你一个人闷在家里干什么啊?

B : 我倒是想出去多走走，可哪里都不认识啊。

A : 我带你去外滩那边逛逛吧。

B : 听说外滩是外国人必去之地。

와이탄의 건축물들

와이탄은 상하이시 황푸취 황푸장 연안에 위치하고 있다. 19세기 후반부터 많은 외국자본과 중국자본을 투입하여 건축하기 시작하면서 이곳을 '금융가' 라고 부르게 되었는데, 동방의 월가라고 부르기도 하였다.

곧 와이탄은 풍수지리상 명당이 되었고, 와이탄에 땅을 갖고 있다는 것은 재산과 명예의 상징이 되기도 하였다. 각국의 설계사들은 이곳에서 기량을 뽐내며 여러 차례의 리모델링을 통해 각기 다른 시가와 다른 나라, 다른 풍격의 건축물들을 신축하기 시작했다. 그래서 와이탄을 각종 건축물의 박람회장이라고 부른다.

와이탄에는 현재 대표적 건축물이 33개 정도 있는데, 일부는 정부기관이 쓰고 있다. 예를 들면 와이탄 13번지의 세관건물은 1927년에 지어진 것으로 와이탄을 대표하는 건축물 중 하나이다. 이 밖에도 각국의 은행과 보험회사의 본부 및 고급 호텔들이 즐비한데, 예를 들어 와이탄 1번지의 아시아빌딩은 1913년에 지어진 것으로 와이탄 최초의 건축물로 불린다. 현재 중국 태평양보험회사의 본부인 와이탄 18번지는 1923년에 지어졌으며 세계적 정상급 명품의 플래그숍이 입주하여 상하이의 사치스러운 소비의 좌표를 이루기도 한다.

〈와이탄 1번지의 아시아빌딩〉

〈상하이 와이탄의 많은 건축물〉

외국자본(외자)	外资	명예	名誉
금융가	金融街	정상급	顶级
월가(Wall Street)	华尔街	플래그숍	旗舰店
명당(풍수가 좋은 곳)	风水宝地	사치스럽다	奢侈
재산	财富		

02

午饭去哪儿吃?

점심밥은 어디 가서 먹을까?

▶ 02-01

为 wèi 개 ~때문에[행위의 원인이나 목적을 나타냄]

发愁 fāchóu 동 걱정하다

遍 biàn 형 온통, 모든

既然 jìrán 접 ~된 바에야, ~인 이상

决定 juédìng 동 결정하다

一块儿 yíkuàir 부 함께, 같이

口味 kǒuwèi 명 입맛

高峰时间 gāofēng shíjiān 혼잡 시간, 붐비는 시간

平时 píngshí 명 평소, 평상시

选择 xuǎnzé 동 선택하다

打菜 dǎ cài 요리를 사다

点菜 diǎn cài 요리를 (선택하여) 주문하다

节省 jiéshěng 동 절약하다

种类 zhǒnglèi 명 종류

挺 tǐng 부 굉장히, 매우

既 jì 접 ~할 뿐만 아니라

相比 xiāngbǐ 동 비교하다

口感 kǒugǎn 명 맛, 식감

1 식당 정하기

▶ 02-02

张林　民秀，你午饭想去哪儿吃啊？

朴民秀　我正为这事儿发愁呢。学校附近的饭店都吃遍了。

张林　我正要去食堂。既然你还没决定，就跟我一块儿去食堂换换口味吧。

> ❶ 吃食堂은 '식당에서 밥을 먹다'라는 뜻으로, 중국에서 食堂은 주로 구내식당을 가리킨다. 학교 학생 혹은 회사 직원 등 사람들이 식사하는 주요 장소로서 오랫동안 쓰여오면서 吃食堂의 형태가 형성되었다.

朴民秀　好啊，今天我也去吃食堂❶吧。

张林　现在正好❷是就餐高峰时间，食堂里的人可能很多。

> ❷ 正好는 시간이나 때가 꼭 맞음을 가리키며, 여기서는 '때마침 사람이 많은 시간대'라는 의미를 지닌다.

朴民秀　那咱们过二十分钟再去吧。

问一下
张林和民秀准备一起去哪儿吃饭？

② 학교 구내식당과 외부 식당 비교하기　　▶ 02-03

朴民秀　你经常在食堂吃饭吗?

张林　　是的，中国学生平时一般都会选择在食堂吃饭。

朴民秀　是因为食堂比较方便吗?

张林　　对，在食堂打菜比在外面点菜更节省时间。

朴民秀　那你觉得菜的味道怎么样呢?

张林　　菜的种类挺多，而且既好吃又便宜。

> ❸ 大锅饭은 큰 솥에서 많은 인분의 요리를 하는 것을 가리킨다.

朴民秀　跟外面的饭店相比，大锅饭❸在口感上还是差了 一些。

张林　　那倒是，"一分钱一分货❹"嘛。

> ❹一分钱一分货는 '일(一)전 가격에 대하여 일 (一)전짜리 물품'이라는 의미로, 돈의 값어치만 큼만 얻을 수 있음을 나타낸다. 즉 '싼 게 비지 떡'이라는 의미이다.

 问一下

张林觉得食堂的菜怎么样?

학교 구내식당에 대한 장린과 민수의 생각의 차이 ▶ 02-04

　　张林平常都在食堂吃饭，因为她觉得在食堂打菜比在外面点菜节省时间。她又觉得食堂的菜种类很多，而且既好吃又便宜。但是民秀觉得食堂的菜没有外面的好吃，张林说这叫做"一分钱一分货"。

问一下

民秀觉得食堂的菜怎么样？

① 既然……就……

'이미 이렇게 된 바에, 기왕 그렇게(이렇게) 된 이상'의 의미로, 인과관계를 나타낸다. 앞 문장에서 어떤 실현된 일이나 확정된 전제 조건을 제시한 후, 뒤 문장에서 그에 대한 결론이나 추론을 내림을 나타낸다. 就 외에 还, 那么, 也 등과도 호응하여 쓰인다.

既然这么贵, 我就不买了。

A: 我觉得你说得对。

B: 既然你同意我的意见, 那么我们一起做吧。

확인문제

① '既然……就……' 구문을 이용하여 대화를 완성하세요.

① A: 上周的考试我没考好。
지난 주에 본 시험을 잘 못 봤어.

B: 既然_____, 就_____。
시험은 이미 끝났으니 그렇게 많이 생각하지 마.

② A: 明天就要比赛了, 我好紧张啊。
내일이 시합인데, 나 몹시 긴장돼.

B: 既然_____, 就_____。
내일이면 시합이 시작하니, 긴장 좀 풀어.

③ A: 这件连衣裙好漂亮啊!
이 원피스 정말 예쁘다!

B: 既然_____, 就_____。
네가 이렇게 좋아한다면 선물로 줄게.

② 문맥에 맞게 다음 문장을 완성하세요.

① 那件衣服是很贵, _____, 就好好穿吧。
그 옷은 비싸지만, 이미 산 김에 잘 입어라.

② 学校要举行歌唱比赛, _____, 那就代表我们班参赛吧。
학교에서 노래 대회를 개최할 예정인데, 기왕 (네가) 예전에 음악을 배웠으니, 우리 반을 대표해서 출전해라.

③ _____, 就利用业余时间学一下吧。
기왕 네가 배드민턴에 흥미가 있으니, 여가시간을 이용해서 배워봐라.

② 부사 挺

挺은 부사로 쓰이면 '꽤, 제법' 혹은 '매우, 상당히, 아주'의 의미를 나타낸다. 그리고 挺은 보통 뒤에 습관적으로 的를 붙여서 挺……的와 같이 사용된다.

今年冬天挺冷的。

她病得挺严重的。

A: 你看我穿这件连衣裙好看吗?　　　　B: 我觉得挺好看的。

확인문제

❶ 다음 주어진 단어를 배열하여 문장을 완성하세요.

① 挺 / 冷 / 今年 / 冬天 / 我 / 觉得 / 的　　나는 올 겨울이 상당히 춥게 느껴진다.

→ _____

② 帅 / 朋友 / 她 / 新交的 / 挺 / 的　　그녀의 새 친구는 아주 멋지다.

→ _____

③ 集体 / 宿舍 / 我们 / 挺好的 / 学校的 / 设施　　우리 학교의 단체 기숙사는 시설이 꽤 좋다.

→ _____

❷ 다음 한국어 문장을 참고하여 중국어로 작문해 보세요.

① 오늘은 학교에서 운동회를 하는 날인데, 날씨가 아주 좋다.

→ _____

② 베이징에서 짜장면을 먹어 보았는데 꽤 맛있었다.

→ _____

③ 엄마가 새 휴대전화를 사주셨는데, 상당히 마음에 든다.

→ _____

③ 跟A相比

'A와 비교해보면'이라는 뜻으로 비교 대상인 A를 강조하는 표현이다. 이와 비슷한 표현에는 跟A比起来, 比起A来가 있으며 의미는 같다. 뒤에 还, 更(加) 또는 一些, 一点儿 등과 호응한다.

跟去年相比, 今年的樱花开得还是迟了一些。

跟你比起来, 我的汉语水平还差得远呢。

比起游泳来, 我更喜欢登山。

A: 今年报名参加考试的人真多。

B: 是啊, 跟去年相比, 多了一点儿。

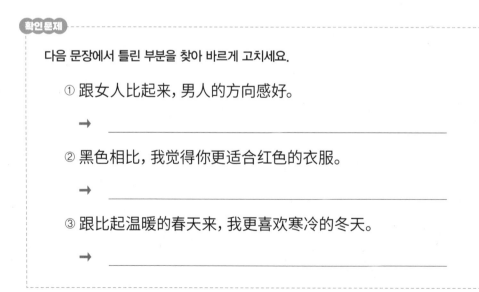

확인문제

다음 문장에서 틀린 부분을 찾아 바르게 고치세요.

① 跟女人比起来, 男人的方向感好。

→ _____

② 黑色相比, 我觉得你更适合红色的衣服。

→ _____

③ 跟比起温暖的春天来, 我更喜欢寒冷的冬天。

→ _____

④ 没有와 不比

비교문의 부정형식에는 'A+没有+B(비교의 기준)+형용사'와 'A+不比+B(비교의 기준)+형용사'의 두 가지 형식이 있다. 이 두 형식은 형용사를 선택함에 있어서 서로 차이를 보이는데, 没有를 이용한 부정형식에는 적극적이고 긍정적인 의미의 형용사가 오고, 소극적이고 부정적인 의미를 지니는 형용사는 오지 않는다. 또한 형용사의 정도를 표현하기 위해 비교의 기준이 되는 B 앞에는 这么, 那么 등을 써주기도 하지만 更이나 还 등은 올 수 없다.

我没有你高。(○)　　　　　　我没有你矮。(✗)

我认为玛丽汉语发音没有大卫这么标准。

不比를 이용한 부정형식에 오는 형용사의 사용에는 위와 같은 제한이 없다.

我不比你高。(○)　　　　　　我不比他矮。(○)

我也不比你笨啊, 为什么我总也学不会?

▶ 02-05

1 既然大家都到了，就早点开始吧。

下雨	回家
找不到	再买一个
不知道	问别人

응용 연습

A 我不知道我的手机放在哪里了。
B 既然找不到了，就再买一个吧。

2 我觉得挺感人的。

满意
适合你
有意思

응용 연습

A 你看过电影《英雄》吗？
B 当然看过，我觉得挺感人的。

3 跟外面的饭店相比，食堂的菜还是很便宜的。

期中考试	期末考试	简单
昨天的演出	今天的演出	成功
在家学习	在图书馆学习	有效率

응용 연습

A 你打算整个假期都来图书馆学习吗？
B 是啊，跟在家学习相比，在图书馆学习还是很有效率的。

1 녹음을 듣고 주어진 문장과 일치하면 √를, 일치하지 않으면 ×를 표시하세요. ▶ 02-06

① 在百货商店里买到了我喜欢的衣服。

② 我买的东西没有打折，是正常价买的。

③ 我买了这件衣服。

④ 我觉得我的汉语水平不怎么好。

2 녹음을 듣고 질문에 알맞은 대답을 고르세요.

▶ 02-07

① A 白色大衣 B 红色大衣 C 哪个都不喜欢

② A 北京 B 首尔 C 一样凉快

③ A 热水 B 果汁 C 冰水

④ A 新来的 B 人品不错 C 做事认真

3 다음 빈칸에 들어갈 알맞은 단어를 고르세요.

> 보기
>
> A 既然 B 正好 C 不比 D 相比

① 我正要去食堂。_____ 你还没决定，就跟我一块儿去食堂换换口味吧。

② 现在 _____ 是就餐高峰时间，食堂里的人可能很多。

③ 跟外面的饭店 _____ ，大锅饭在口感上还是差了一些。

④ 我觉得小王的英语 _____ 小李的差。

4 다음 주어진 세 문장을 알맞은 순서로 나열하세요.

① A：正好张林决定去食堂吃，我打算跟她一块儿去食堂换换口味

　　B：我正为去哪儿吃发愁呢

　　C：到了吃午饭的时间　　　　　　　　　　정답：＿＿＿＿＿＿＿＿＿

② A：中国学生平时一般都会选择在食堂吃饭

　　B：在食堂打菜比在外面点菜更节省时间

　　C：这是因为食堂比较方便　　　　　　　정답：＿＿＿＿＿＿＿＿＿

5 다음 질문에 알맞은 답을 고르세요.

① 到了要吃饭的时候了，民秀正为去哪儿吃饭发愁。正好这个时候张林来找他。张林看民秀还没决定去哪儿吃饭，就提议跟她一块儿去食堂换换口味。

　★ 张林打算带民秀去哪儿吃饭？

　　A 她家　　　　　　　B 食堂　　　　　　　C 饭店

② 张林要带民秀去食堂吃饭，不过因为中国学生平时一般都会选择在食堂吃饭，现在正好是就餐高峰时间，他们只好过了二十分钟以后才去食堂。

　★ 他们为什么等了二十分钟以后才去食堂？

　　A 还要等其他同学　　　B 是就餐高峰时间　　C 不知道食堂在哪儿

③ 跟外面的饭店相比，食堂饭在口感上还是差了一些，不过由于在食堂打菜比在外面点菜更节省时间、种类多、价格便宜，所以中国学生一般都会选择在食堂吃饭。

　★ 下面哪一项不是大多数中国学生选择在食堂吃饭的理由？

　　A 好吃　　　　　　　B 便宜　　　　　　　C 种类多

6 본문 회화를 참고하여 친구와 무엇을 먹을지에 대해서 대화를 해보세요.

① 吃中餐 / 吃西餐 / 西餐贵

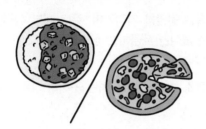

② 吃冷面 / 吃热面 / 天气冷

③ 吃川菜 / 吃粤菜 / 不能吃辣的

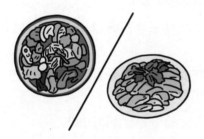

④ 吃牛肉 / 吃猪肉 / 中国的牛肉比韩国便宜

참고대화

A: 你在食堂吃还是在外面吃?

B: 我在食堂吃。

A: 是因为方便吗?

B: 对，在食堂打菜比在外面点菜节省时间。

중국의 음식점

중국에서의 식당 명칭은 각각 다음과 같다.

- **食堂(식당)** – 정부기관이나 학교, 병원 등에 부속된 것만을 가리키며, 주로 내부 직원이나 학생, 환자 등에게 비영리 목적으로 음식을 제공하는 장소를 말한다. 예를 들면 시청 식당, 대학 구내식당 등이 있다.

- **饭店(음식점)** – 두 가지 형태가 있는데, 하나는 평소 밖에서 밥을 먹는 곳이며 다른 하나는 北京饭店과 같은 호텔을 뜻한다.

- **酒店(호텔)** – 숙박과 음식을 제공하는 장소를 가리키며 '신라호텔' 등이 있다.

- **饭馆(밥집)** – 비교적 작은 규모의 음식점을 가리키며, '……饺子馆' 등이 있다.

- **餐厅(레스토랑)** – 서양 요리 음식점을 가리키는데 서방 국가의 음식 외에 동유럽 국가와 미주, 대서양, 중동, 중앙아시아, 동남아시아, 아프리카 등의 음식까지 포함한다. 예를 들면 '프랑스 레스토랑' 등이 있다.

- **快餐店(패스트푸드점)** – '켄터키프라이드치킨(KFC), 맥도날드(McDonald's), 피자헛(Pizza hut)' 등이 있다.

- **……料理(요리집)** – 특정 국가의 음식을 팔며 경영하는 음식점을 말한다. 예를 들면 '한국 요리, 일본 요리, 프랑스 요리' 등이 있다.

- **食府(전문식당)** – 비교적 고급 음식점을 말하며, '해산물 전문점' 등이 있다.

- **美食城(푸드코트)** – 우리나라처럼 대형마트에 위치한 다양한 음식을 한 곳에서 먹을 수 있는 곳으로, 술과 커피 등도 마실 수 있고, 마음대로 먹고 쉴 수 있다.

〈대학 구내식당〉

정부기관	政府机关
시청(시 정부)	市政
호텔	酒店
신라호텔	新罗酒店
프랑스 레스토랑	法式餐厅
켄터키프라이드치킨(KFC)	肯德基
맥도날드(McDonald's)	麦当劳
피자헛(Pizza hut)	必胜客
해산물 전문점	海鲜食府

03

你支持哪个球队?

너는 어느 팀을 응원하니?

학습 목표

① 친구와 함께 축구 경기를 보면서 자신이 지지하는 팀이나 선수에 대해 말하는 표현을 익힌다.

② 강조의 어기 및 점층관계를 나타내는 표현을 배운다.

기본 표현

① 这么精彩的比赛我可不能错过。

② 多亏你提醒我,要不我差点儿忘了!

③ 荷兰队表现不错,何况以前也进入过决赛,说明他们很有实力。

支持 zhīchí 통 지지하다, 지원하다

队 duì 명 팀

凌晨 língchén 명 새벽

表现 biǎoxiàn 명 표현, 행동

决赛 juésài 통 결승전을 치르다

何况 hékuàng 접 더군다나, 하물며

西班牙 Xībānyá 고유 스페인[나라명]

实力 shílì 명 실력

荷兰 Hélán 고유 네덜란드[나라명]

巴西 Bāxī 고유 브라질[나라명]

错过 cuòguò 통 놓치다

铁杆 tiěgǎn 형 고집스럽다, 완고하다

酒吧 jiǔbā 명 술집

球迷 qiúmí 명 (구기종목) 마니아, 팬

多亏 duōkuī 통 덕분이다

届 jiè 양 회, 차

提醒 tíxǐng 통 일깨우다, 깨우치다

正是 zhèng shì 마침 ～이다, 바로 ～이다

要不 yàobù 접 그렇지 않으면

举办 jǔbàn 통 개최하다, 열다

差点儿 chàdiǎnr 부 하마터면, 자칫하면

亚军 yàjūn 명 2등, 준우승

可惜 kěxī 형 아쉽다, 아깝다

获得 huòdé 통 얻다, 획득하다

冠军 guànjūn 명 1등, 우승

① 축구경기 시청 계획 ▶ 03-02

张林　　民秀，明天凌晨的世界杯①决赛你打算看吗？

> ① 世界杯는 월드컵(World Cup)을 가리킨다.

朴民秀　　那当然了，西班牙对荷兰，这么精彩的比赛我可不能错过。

张林　　我和几个朋友打算去酒吧看，你也一起去吧。

朴民秀　　太好了②！酒吧里人多，气氛也好。

> ② '太……了'는 '대단히 ～하다'는 의미로 감탄을 나타낸다.

张林　　不过，明天要交的作业你可别忘了。

朴民秀　　哎呦，多亏你提醒我，要不我差点儿忘了！

问一下

张林和民秀要去哪里看世界杯决赛？

② 좋아하는 팀과 축구선수에 대해 말하기 ▶ 03-03

朴民秀 比赛终于结束了，好紧张啊。

张林 真可惜，西班牙获得冠军，我支持的荷兰队输了。

朴民秀 荷兰队表现不错，何况以前也进入过决赛，说明他们很有实力。

张林 没关系，胜败乃兵家常事❸嘛。
民秀，你喜欢哪个队?

> ❸ 乃兵家常事는 '전쟁에서 이기고 지는 것은 군인에게 늘 있는 일이다'의 뜻으로, 한 번의 승부를 지나치게 중시할 필요가 없음을 비유한다.

朴民秀 我是巴西队的铁杆球迷，我可喜欢内马尔❹了。

> ❹ 内马尔은 브라질 축구선수 네이마르를 말한다.

张林 下届世界杯正是要在巴西举办呢。

 问一下

民秀喜欢哪个队?

3 함께 응원하기 ▶03-04

张林和民秀约好一起去酒吧看世界杯决赛。酒吧里人多，气氛也好，何况有很多人和张林一起为他们支持的荷兰队加油。不过，很可惜荷兰队输了，西班牙获得了冠军，荷兰队获得了亚军。下一届世界杯将在巴西举办，民秀最喜欢的正是巴西队。

问一下

下届世界杯在哪里举行？

1 강조를 나타내는 可

여기서 可는 부사로 쓰여 강조와 정도의 어기를 나타낸다. 형용사를 수식할 때 뒤에 종종 了를 수반하기도 한다.

你们可要注意安全。

这个手表可贵了。

你可来了, 老师在等你呢。

접속사로 쓰이면 역접의 의미를 나타내며, 의미는 可是와 같다.

这个地方不大, 可挺好玩的。

已经是秋天了, 可天气还是很热。

확인문제

❶ 다음 주어진 문장을 可를 이용하여 새로운 문장으로 바꿔보세요.

① 这部电影真好看。　　　→ _____

② 我这是第一次出国。　　→ _____

③ 今天天气不好, 你得小心啊。　→ _____

❷ 다음 문장에서 틀린 부분을 찾아 바르게 고치세요.

① 我不能算可是个聪明人。　→ _____

② 在那个公司我的成绩可好的。　→ _____

③ 你这样做会可有问题。　→ _____

② 多亏

多亏는 '덕분이다, 덕택이다'라는 의미로, 다른 사람의 도움이나 선처로 인해 불행을 피하거나 이로움을 얻게 됨을 나타낸다. 否则, 要不(然), 不然, 了 등을 수반하기도 하며 부정적인 의미를 나타낼 때는 쓰지 않는다.

多亏你帮忙, 否则我都不知道怎么办才好。

多亏今天天气好, 要不这些衣服什么时候能干啊?

多亏你了, 不然就解释不清了。

확인문제

❶ 다음 주어진 두 단문을 多亏, 否则, 要不然을 이용하여 한 문장으로 만들어 보세요.

① 你告诉我。/ 我就忘了。　　→　_____

② 大家帮忙。/ 不能准时结束。　→　_____

③ 平时多锻炼身体。/ 会受不了。→　_____

❷ 괄호 안의 단어와 多亏를 이용하여 문장을 완성하세요.

① _____, 要不然我就参加不了了。(提醒)

② _____, 及时抓住了小偷。(警察来)

③ _____, 否则这么冷的天肯定感冒。(穿大衣)

③ 差点儿

差点儿은 부사로 '가까스로, 하마터면, 자칫하면'의 의미를 나타낸다. 바라지 않는 일이 실현될 뻔했으나 실현되지 않은 경우, 동사가 긍정형식이든 부정형식이든 그 뜻은 같다.

我差点儿没摔倒。= 我差点儿摔倒。

我差点儿没迟到。= 我差点儿迟到。

실현되기를 바라는 일이 거의 실현되지 못할 뻔했으나 결국 실현되었을 경우, 동사는 부정형식을 쓴다.

我差点儿没考上大学。   我差点儿没找回钱包。

실현되기를 바라는 일이 실현될 뻔했으나 결국 실현되지 못했을 경우, 동사가 긍정형식으로 쓰였으면 뒤에 자주 就와 호응하여 쓰인다.

我差点儿就买到车票了。   我差点儿就赶上车了。

확인문제

❶ 괄호 안의 동사와 差点儿을 이용하여 문장을 완성하세요.

① 今天我起晚了, ＿＿＿＿＿＿＿＿。(迟到)

② 日本地震, ＿＿＿＿＿＿＿。(回不来)

③ 那个电影太吓人了, ＿＿＿＿＿＿＿。(晕倒)

❷ 다음 괄호에서 差点儿의 위치를 찾으세요.

① 刚出发自行车就 (A) 没气了, (B) 没把我 (C) 累死。

② 多亏警察 (A) 来得早, (B) 没 (C) 出事故。

③ 你 (A) 再不 (B) 来, 人家客户 (C) 走了。

何况

'더군다나, 하물며'의 의미를 지닌 접속사로 점층관계를 나타낸다. 복문의 뒤 절 첫머리에 쓰이며, 何况이 끌어들인 단문은 언제나 앞 절이 표현하는 이유나 정황을 추가한다.

工作中有很多东西需要学习, 何况你们是新手。

반어문에 쓰여 긍정의 어기를 더욱 강하게 한다. 앞 절은 尚且나 连 등을 써서 앞 절의 주어조차 그러하다는 것을 나타내고 뒤 절은 何况을 써서 앞 절의 주어와 대비되는 뒤 절의 주어는 더욱 그러하다는 것을 나타낸다. 이 때 뒤 절에 '명사(구)+呢'가 오는 경우가 자주 있다.

细心尚且难免出错, 何况马马虎虎, 怎么能搞好呢。

我连一双鞋子也还买不起, 何况电脑呢?

上海都降温了, 何况长春呢?

확인문제

❶ 괄호 안의 단어와 何况을 이용하여 문장을 완성하세요.

① 这么高, 高个子都够不着, ＿＿＿＿＿＿＿＿＿。(矮个子)

② 这个问题连老师都不知道, ＿＿＿＿＿＿＿＿。(学生)

③ 现在连上海都零下了, ＿＿＿＿＿＿＿＿。(北京)

❷ 다음 주어진 두 단문을 '何况……呢'를 이용하여 한 문장으로 만들어 보세요.

① 国内的手提包很贵。/ 国外的手提包更贵。　➡　＿＿＿＿＿＿＿＿＿＿

② 基础课学得不好。/ 专业课更难。　➡　＿＿＿＿＿＿＿＿＿＿

③ 你都没吃过燕窝。/ 我还是韩国人。　➡　＿＿＿＿＿＿＿＿＿＿

▶ 03-05

1 真是已经到春天啦, 可真暖和啊。

夏天	热
秋天	凉快
冬天	冷

응용 연습

A 去喝杯冷饮怎么样?

B 好啊。真是已经到夏天啦, 可真热啊。

2 街上人太多, 我们差点儿走散了。

天气突然变冷	孩子们	感冒
老师批评了我	我	哭
突然下大雨	我	回不了家

응용 연습

A 你看起来心情不太好。

B 刚才老师批评了我, 我差点儿哭了。

3 你都不去, 何况他们呢?

选择题都不会	论述题
国内旅游都没去过	国外旅游
男生都抬不动	女生

응용 연습

A 你去过中国吗?

B 没有, 我连国内旅游都没去过, 何况国外旅游呢?

1 녹음을 듣고 주어진 문장과 일치하면 √를, 일치하지 않으면 ×를 표시하세요. ▶ 03-06

① 我差点儿忘了今天有球赛。

② 我支持西班牙队。

③ 今天早上迟到了。

④ 我不喜欢看足球比赛。

2 녹음을 듣고 질문에 알맞은 대답을 고르세요. ▶ 03-07

① A 女的自己完成的　　B 男的帮女的完成的　　C 男的自己完成的

② A 早上收拾行李　　B 晚上收拾行李　　C 帮男的收拾行李

③ A 弟弟没穿　　B 衣服不合适　　C 弟弟很喜欢

④ A 女的做过中国菜　　B 这道菜不难做　　C 女的手艺很好

3 다음 빈칸에 들어갈 알맞은 단어를 고르세요.

보기
A 多亏　　B 可　　C 何况　　D 差点儿

① _____ 你的帮忙，否则我都不知道怎么办才好。

② 国内旅游都没去过，_____ 国外旅游呢？

③ 我 _____ 是巴西队的铁杆球迷呢。

④ 我 _____ 摔倒。

4 다음 주어진 세 문장을 알맞은 순서로 나열하세요.

① A : 这么精彩的比赛我可不能错过

B : 荷兰对西班牙

C : 明天凌晨有世界杯决赛　　　　　　　　정답 : ＿＿＿＿＿＿＿＿＿

② A : 说明他们很有实力

B : 荷兰队表现不错

C : 何况以前也进入过决赛　　　　　　　　정답 : ＿＿＿＿＿＿＿＿＿

5 다음 질문에 알맞은 답을 고르세요.

① 明天凌晨有世界杯决赛，是荷兰对西班牙。民秀觉得两个队都是强队，比赛一定非常紧张。他不想错过这样精彩的比赛。

★ 决赛的球队不包括哪一个？

A 荷兰队　　　　　　B 西班牙队　　　　　　C 巴西队

② 张林和民秀打算去酒吧看世界杯决赛。酒吧里人多，气氛也好，何况有很多人和张林一起为他们支持的荷兰队加油。

★ 张林想去酒吧看比赛的原因不包括什么？

A 人多　　　　　　B 很多人不支持荷兰队　　　　　　C 气氛好

③ 虽然比赛很精彩，但张林支持的荷兰队输了，西班牙获得了冠军，荷兰队获得了亚军。民秀觉得荷兰队表现不错，何况以前也进入过决赛，说明他们很有实力。

★ 民秀觉得荷兰队怎么样？

A 很有实力　　　　　　B 表现不好　　　　　　C 只能获得亚军

6 본문 회화를 참고하여 친구와 어떤 체육 경기를 보러 갈지에 대해서 대화를 해보세요.

① 跑步比赛

② 花样滑冰比赛

③ 棒球比赛

④ 跳水比赛

참고대화

A : 你最喜欢哪个比赛？

B : 我可喜欢足球比赛了。

A : 太好了。哪天我们一起去看吧。

B : 好啊，就这么定了。

중국의 스포츠 프로경기

한국에도 여러 프로경기가 있듯이 중국에도 다양한 프로경기가 있다. 예를 들면 축구, 농구, 배구는 이미 두 나라에서 모두 활성화된 경기이고, 그 외에도 배드민턴, 테니스, 바둑, 핸드볼 등 다양한 종목에서 프로경기를 펼치고 있는데, 그 중에서도 탁구, 무술경기는 한국을 포함한 다른 나라에서도 보기 힘든 경기라고 할 수 있다.

중국 국내에서 가장 인기 있는 종목은 당연히 농구와 축구이다. 농구 팬들은 주로 중국 국내의 CBA와 미국의 NBA를 많이 관람하는 편이다. 특히 중국 선수 중 세 번째로 NBA에 진출한 야오밍의 맹활약으로 중국의 농구 팬들은 더욱 농구에 열광하게 되었다. 축구경기는 중국 국내에 '中超联赛(중국 축구협회에서 주관하는 프로축구리그)' 경기가 있지만 중국의 축구팬들은 국내 리그전보다 프리미어리그, 프리메라리가, 세리에, 분데스리가 등의 경기를 더 많이 보는 편이다.

〈무술 프로경기〉

〈탁구 프로경기〉

바둑	围棋	프리미어리그(영국 프로축구 리그)	英超
핸드볼	手球	프리메라리가(스페인 프로축구 리그)	西甲
무술	武术	세리에(이태리 프로축구 리그)	意甲
야오밍(중국인 농구선수)	姚明	분데스리가(독일 프로축구 리그)	德甲

04

了解中国家庭文化。

중국의 가정 문화 이해하기.

학습
목표

① 두 나라의 가정 문화에 대한 차이를 알아본다.

② 被자문과 조건관계를 나타내는 표현을 배운다.

기본
표현

① 家务都被叔叔干完了。

② 这个问题问得好。

③ 只有同岁的人，才能叫"朋友"呢。

④ 只要有共同语言，大家就都是"朋友"。

04-01

呗 bei 조 그만이다, ~할 따름이다[이유가 명확하고 알기 쉬워 말할 필요가 없음을 나타냄]

家务 jiāwù 명 집안일

享 xiǎng 동 누리다

清福 qīngfú 명 소박한 행복

实行 shíxíng 동 실행하다

分工 fēngōng 동 분업하다, 분담하다

负责 fùzé 동 책임지다, 책임을 다하다

份儿 fènr 명 몫, 분량

影集 yǐngjí 명 사진첩

白发苍苍 báifà cāngcāng 백발이 성성한 모습[사람의 나이가 많음을 나타냄]

期间 qījiān 명 기간

志愿者 zhìyuànzhě 명 지원자

同岁 tóngsuì 동 동갑이다

共同 gòngtóng 형 공동의, 공통의

语言 yǔyán 명 언어

称呼 chēnghu 명 호칭

差异 chāyì 명 차이

分 fēn 동 구분하다

年龄 niánlíng 명 나이

친구 집에서 저녁 먹기   ▶ 04-02

朴民秀   张林，怎么你家是张叔叔做饭啊？

张林   没什么啊？爸爸做饭比妈妈做饭好吃，所以就爸爸做饭呗。

朴民秀   家务都被叔叔干完了，阿姨可以每天享清福了吧？

张林   我们家的家务实行家庭分工，爸爸负责做饭，妈妈负责洗衣服和收拾房间。

朴民秀   家庭分工怎么没你的份儿❶啊？

> ❶ 没你的份儿은 '네 몫은 없다' 즉 '너와 상관없다'는 의미를 지닌다.

张林   哈哈，这个问题问得好，我的工作就是好好学习。

问一下

在张林家妈妈干什么活？

② 친구와 사진첩 보며 이야기하기

▶ 04-03

张林　这本影集里都是我和朋友们的照片，看，这张是
　　　我们俩在外滩拍的。

朴民秀　这位白发苍苍的外国老爷爷是谁啊？

> ❷ 世博会는 世界博览
> 会의 줄임말로 세계
> 박람회를 뜻한다.

张林　这位是我在世博会❷期间做志愿者时认识的朋友。

朴民秀　啊，朋友？在韩国，只有同岁的人，才能叫"朋友"
　　　呢。

张林　在中国啊，只要有共同语言，大家就都是"朋友"。

朴民秀　看来，称呼也能看出文化
　　　差异来啊。

問一下

　　在中国，什么样的人能称为"朋友"？

③ 중국과 한국의 문화 차이

04-04

　　民秀到张林家去做客，发现张林家做饭的人是张林的爸爸。原来，张林家的家务实行家庭分工，爸爸负责做饭，妈妈负责洗衣服和收拾房间。民秀还看了张林的影集。看到一位张林在世博会期间做志愿者时认识的外国老爷爷。张林说这位老爷爷是她的朋友。在中国，不分年龄，只要有共同语言，大家就都是朋友。

问一下
张林什么时候认识了那位外国老爷爷?

1 被자문

전치사 被를 사용하여 피동을 나타내는 문장을 被자문이라고 한다. 被 뒤에 오는 목적어는 행위의 주체이고 문장의 실제 주어는 행위의 객체인데, 주어는 행위의 주체를 강조하지 않으면 생략이 가능하다. 被자문의 술어는 동사를 단독으로 쓰지 않고, 동태조사 了, 着, 过나 보어 등 동작의 결과나 영향을 설명하는 기타 성분을 동반한다. 부정형식은 被 앞에 부정부사 没(有)를 써준다.

주어 (행위의 객체)		목적어 (행위의 주체)	동사	기타 성분
我的自行车	被	朋友	借	走了。
나의 자전거	~에 의해서	친구	빌리다	가다

这件事情被妈妈发现了。　　　　这件事情还没被妈妈发现。

확인문제

❶ 다음 주어진 단어를 배열하여 문자를 완성하세요.

① 被 / 吹 / 帽子 / 掉了 / 风　　모자가 바람에 날려갔다.

→ _____

② 被 / 孩子 / 哭了 / 狗 / 吓　　아이가 개 때문에 놀라서 울었다.

→ _____

③ 被 / 干净了 / 房间 / 打扫 / 妈妈　　방이 엄마에 의해서 깨끗하게 청소되었다.

→ _____

❷ 괄호 안의 단어와 被자문을 이용하여 문장을 완성하세요.

① 这本小说_____。(翻译)　　이 소설은 한국어로 번역되었다.

② 蛋糕_____。(吃)　　동생이 케이크 절반을 먹었다.

③ 这几年他没有好的作品，_____ (忘记)
몇 년간 그는 좋은 작품이 없어서, 사람들에게 조금씩 잊혀졌다.

② 의미상의 피동문

행위의 주체가 나타나지 않고, 행위의 객체가 주어가 되어 피동의 의미를 나타내는 문장을 의미상의 피동문이라고 한다. 의미상 피동문에는 피동형 전치사를 쓰지 않는다.

这个问题问得好。

门打开了。

A: 这个菜做得真好吃！
B: 这是我们饭店的特色菜。

확인문제

❶ 다음 주어진 문장의 밑줄에 들어갈 내용을 보기에서 고르세요.

> **보기**
>
> A 放到房间里　　　B 打碎了　　　C 洗干净

① 吃饭之前, 手要_____。

② 我最喜欢的杯子_____。

③ 天气太冷了, 这些花要_____。

❷ 괄호 안의 단어를 이용하여 문장을 완성하세요.

① 衣服_____, 你试试合适不合适。(做)

② 这个问题, 太简单了, _____。(回答)

③ 我的车出问题了, 现在_____。(修理)

3 只有……才……

'~해야만 ~이다'의 뜻으로, 조건관계를 나타낸다. 앞 절의 내용이 뒤 절의 유일한 조건임을 나타낸다.

在韩国, 只有同岁的人, 才能叫"朋友"。

只有爬到山顶的人, 才能看见最美的风景。

A: 故事的主人公一直没有放弃, 终于胜利了。

B: 对, 只有笑到最后的人, 才是胜利者。

확인문제

❶ 문맥에 맞게 다음 문장을 완성하세요.

① 只有你开车来接我, _____。　네가 차를 몰고 나를 데리러 와야만, 비로소 나는 안심하겠다.

② _____, 才能得到别人的尊重。
남을 먼저 존중해야만, 비로소 다른 사람의 존중을 받을 수 있다.

③ 只有珍惜时间, _____。　시간을 아껴야만, 비로소 시간을 더 잘 이용할 수 있다.

❷ 다음 주어진 문장의 밑줄에 들어갈 내용을 보기에서 고르세요.

> **보기**
>
> A 只有经过认真的思考
>
> B 只有努力地反复练习
>
> C 只有先告诉我发生了什么事

① _____, 我才能帮你想办法。

② _____, 才能得出正确的结论。

③ _____, 才能成为优秀的运动员。

4 只要……就……

'~하기만 하면 ~하다'의 뜻으로, 조건관계를 나타낸다. 앞 절의 조건 아래 반드시 뒤 절의 결과가 발생함을 나타낸다.

只要有共同语言，大家就都是"朋友"。

只要想到外边寒冷的天气，我就不想出门。

A: 你会做中国菜吗?

B: 只要你告诉我你想吃什么，我就能给你做。

확인문제

❶ 문맥에 맞게 다음 문장을 완성하세요.

① _____ , 我就能顺利完成任务。
네가 나를 믿어 주기만 하면, 나는 순조롭게 임무를 완성할 수 있다.

② 只要你给我一个提示，_____。
네가 나에게 힌트 한 번만 주면, 나는 생각이 날 것이다.

③ _____ , 就没有人知道这个秘密。
네가 말하지만 않는다면, 아무도 이 비밀을 모를 것이다.

❷ 다음 주어진 문장의 밑줄에 들어갈 내용을 보기에서 고르세요.

> **보기**
>
> A 就能看见海上日出
>
> B 我就能知道是什么歌
>
> C 我就得马上去中国

① 只要你唱一句，_____。

② 只要公司做了决定，_____。

③ 只要你明天能早点儿起来，_____。

▶ 04-05

1 我的车已经被朋友开走了。

秘密	发现
笔记本电脑	借去
想法	猜到

응용 연습

A 你不打算给朋友一个惊喜吗?

B 我的想法已经被朋友猜到了。

2 只有你，才能做出这么可口的菜。

运动员	跑	快的成绩
这里	产	大的珍珠
合作	想	完美的计划

응용 연습

A 一个人的能力是有限的。

B 是啊。只有合作，才能想出这么完美的计划。

3 只要你准备好了，我们就可以出发。

同意	签合同
定好时间	预定机票了
来北京	见个面

응용 연습

A 下周我要出差去北京。

B 太好了! 只要你来北京，我们就可以见个面。

1 녹음을 듣고 주어진 문장과 일치하면 √를, 일치하지 않으면 ×를 표시하세요. ▶ 04-06

① 早上有人给我打电话。

② 这种花白天也能开。

③ 明天一定会去登山。

④ 妈妈还不知道这个事情。

2 녹음을 듣고 질문에 알맞은 대답을 고르세요.

▶ 04-07

① A 不用剪   B 太长了   C 很流行
② A 想走走   B 很远   C 合口味
③ A 很好   B 不太好   C 没准备好
④ A 很有特色   B 不好吃   C 很好吃

3 다음 빈칸에 들어갈 알맞은 단어를 고르세요.

보기

A 都   B 只要   C 只有   D 被

① _____ 有共同语言，大家就都是"朋友"。

② 在韩国，_____ 同岁的人，才能叫"朋友"呢。

③ 这本影集里 _____ 是我和朋友们的照片。

④ 我的自行车 _____ 朋友借走了。

4 다음 주어진 세 문장을 알맞은 순서로 나열하세요.

① A : 张林家的家务实行家庭分工

　　B : 妈妈负责洗衣服和收拾房间

　　C : 爸爸负责做饭　　　　　　　　　　　　　　정답 : ＿＿＿＿＿＿＿＿

② A : 大家就都是朋友

　　B : 只要有共同语言

　　C : 在中国，不分年龄　　　　　　　　　　　　정답 : ＿＿＿＿＿＿＿＿

5 다음 질문에 알맞은 답을 고르세요.

① 张林告诉民秀她家的家务实行家庭分工，爸爸负责做饭，妈妈负责洗衣服和收拾房间。民秀问张林负责干什么，张林说她的工作就是好好学习。

★ 在张林家妈妈负责的家务不包括什么？

　A 做饭　　　　　　　　B 洗衣服　　　　　　　　C 收拾房间

② 民秀在看张林的影集的时候，看到张林有很多外国朋友。有的朋友是在学校认识的，有的朋友是在世博会认识的。

★ 张林认识外国朋友的地方不包括什么？

　A 学校　　　　　　　　B 世博会　　　　　　　　C 外国

③ 张林说照片上那位白发苍苍的外国老爷爷是她的朋友。原来，在中国，朋友之间的年龄并不重要，只要有共同语言，就都可以成为朋友。

★ 在中国，成为朋友的重要条件是什么？

　A 外国人　　　　　　　B 年龄　　　　　　　　C 有共同语言

6 본문 회화를 참고하여 자신의 친구에 대해서 대화를 해보세요.

① 金色头发的女人 / 俄罗斯留学　　② 白头发的老人 / 美国旅行

③ 穿西装的女人 / 公司里实习　　④ 笑呵呵的老奶奶 / 敬老院表演

참고대화

A : 这位白发苍苍的外国老爷爷是谁啊？

B : 哦，这位是我在世博会期间做志愿者时认识的朋友。

A : 啊，朋友？在韩国，只有同岁的人才能叫 "朋友" 呢。

B : 在中国啊，只要有共同语言，大家就都是 "朋友"。

중국 가족계획 정책의 변화

과도한 인구 증가는 한정된 자원을 많은 사람들이 나누어 사용해야 하기 때문에 식량이나 주택 등의 공급에 이르기까지 국민 생활의 질적 향상에 부정적 영향을 끼칠 수 있다. 이로 인해 중국은 급속도로 증가하는 인구를 조절하기 위하여 여러 방안을 시도하였는데, 그중 대표적인 정책으로 자녀의 수를 제한하는 가족계획 정책을 들 수 있다.

1980년 9월 중국 공산당과 국무원은 '한 가정당 한 아이 갖기' 정책을 실시할 것을 제안했다. 1982년 이러한 가족계획 정책을 국가 기본 정책으로 확정했으며, 1984년부터 가족계획 정책은 조정을 거쳐 안정화되었다. 각 성과 시, 자치구에서는 해당 지역의 가족계획 조례를 제정하고, 농촌과 소수민족 지구에서는 자녀를 2명까지 허용하는 조건의 가족계획 다원화 정책을 실현하였다. 그러나 최근 들어 중국은 만혼(晚婚), 인구 노령화, 노동 인구 감소 등으로 인해 출생률이 줄어들게 되었고, 결국 가족계획 정책을 완화하거나 폐지하는 과정에 접어 들었다. 2014년 중국 정부는 약 30년간 유지해 온 가족계획을 완화하여 부부 중 한 사람이라도 외동일 경우 자녀를 2명까지 허용하는 정책을 시행하였는데, 2016년부터는 누구나 2명의 자녀를 출산할 수 있도록 바뀌었다. 하지만 이 역시 효과가 크지 않아 향후 2035년부터 중국의 인구가 감소하는 단계에 접어든다는 관측이 나오자, 2021년부터는 공식적으로 3명의 자녀까지 낳을 수 있게 하였다. 또한 초과 출산 시 벌금도 폐지하였으며, 출산 축하금 및 양육보조제도 등의 출산장려정책도 생겨나기 시작하였다.

〈한 아이 갖기 증명서〉

〈인구와 가족계획 표지〉

가족계획	计划生育
공산당	共产党
국무원	国务院
자치구	自治区
소수민족	少数民族
노령화	老龄化
노동 인구	劳动人口

提高艺术修养!
예술적 소양을 기르자!

**기본
표현**

❶ 早就听说这个博物馆很有特点。

❷ 一来到这儿就能感受到一股浓厚的艺术气息。

❸ 好是好，不过我怕电影的对白太快，我听不懂啊。

❹ 我就一边看字幕，一边练习听力吧。

修养 xiūyǎng 몡 소양, 교양

著名 zhùmíng 톙 유명하다, 저명하다

琉璃 liúlí 몡 유리

博物馆 bówùguǎn 몡 박물관

名不虚传 míngbùxūchuán 셩 명실상부하
다, 명성이나 명예가 헛되이 퍼진 것
이 아니다[=名副其实]

餐饮 cānyǐn 몡 요식업종, 음식과 음료

展览馆 zhǎnlǎnguǎn 몡 전시관

艺术品 yìshùpǐn 몡 예술품

简直 jiǎnzhí 몡 정말로, 참으로

气氛 qìfēn 몡 분위기

相当 xiāngdāng 몡 상당히, 꽤

感受 gǎnshòu 톙 느끼다

股 gǔ 몡 줄기[맛,기체,힘 따위를 세는 단위]

浓厚 nónghòu 톙 농후하다, 깊다

气息 qìxī 몡 정취

升职 shēngzhí 톙 승진하다

年轻人 niánqīngrén 몡 젊은 사람, 젊은이

奋斗 fèndòu 톙 분투하다

改编 gǎibiān 톙 (원작을) 각색하다, 개작하다

怕 pà 톙 두려워하다, 걱정하다

对白 duìbái 몡 (연극 · 영화 · 드라마에서 배우
간의) 대화

字幕 zìmù 몡 자막

회화

① 박물관 관람하기

05-02

张林　看，这就是上海著名的琉璃艺术博物馆。

朴民秀　早就听说这个博物馆很有特点，果然名不虚传。

张林　这里一楼是商品区和餐饮区，二楼和三楼才是展
览馆，咱们上去看一看❶吧！

> ❶ '동사―동사'는 동사중첩의 일종으로, 어떤 동작을 잠깐 해봄을 나타낸다.

朴民秀　(走上二楼) 哇！这儿的琉璃艺术品简直太漂亮了！

张林　那当然。不仅如此，这儿的气氛也相当地不错。

朴民秀　可不是嘛❷。一来到这儿就能感受到一股浓厚的
艺术气息。

> ❷ 可不是嘛는 대화 중 상대방의 의견에 동의할 때 자주 쓰는 관용적인 표현이다.
> 可不, 可不是 혹은 可不嘛로 쓰기도 하며, 嘛를 吗로 바꿔 쓰기도 한다. 뒤에
> 물음표를 쓰지 않는다는 점에 주의하자.

问一下

琉璃艺术博物馆的展览馆在几楼?

② 영화 관람 계획하기

▶ 05-03

张林　　民秀，你看过《杜拉拉升职记》❸吗？

朴民秀　没有，不过我看过小说，是讲年轻人奋斗的故事。

> ❸ 영화 〈杜拉拉升职记〉는 소설 〈뚜라라 승진기〉의 '뚜라라'라는 여자가 꾸준한 노력을 통해 보통 회사원에서 고위층 관리자가 된다는 이야기를 각색한 것이다.

张林　　对啊，电影就是根据这部小说改编的。你可以的话，明天下午我们一起去看吧。

朴民秀　好是好，不过我怕电影的对白太快，我听不懂啊。

张林　　没关系，电影的内容和小说差不多。

朴民秀　那好，我就一边看字幕，一边练习听力吧。

问一下

他们要去看什么电影？

3 유리 예술박물관 ▶ 05-04

　　张林和民秀一起去了琉璃艺术博物馆，那里是上海著名的博物馆之一，虽然不大，但是里面的艺术品非常漂亮，而且那儿的气氛也相当好，很有艺术气息。一楼主要是商品区和餐饮区，二楼和三楼是展览馆。另外，张林和民秀还打算一起去看《杜拉拉升职记》，这部电影是根据小说改编的。

问一下

琉璃艺术博物馆的气氛怎么样？

어법

1 早

부사 早는 화자가 말하는 시기보다 더 오래전에 발생한 일을 서술할 때 자주 사용하는 표현이다. '일찍이, 꽤 오래전부터'의 의미를 지닌다.

早就听说这个博物馆很有特点。

今天的课早就结束了。

A: 你等了很长时间了吧?　　　　B: 是啊, 早就来了, 都快饿死了。

확인문제

❶ 다음 한국어 문장을 참고하여 중국어 문장을 완성하세요.

① 그는 벌써 도착해서, 이미 한 시간이나 너희를 기다렸다.

→ ＿＿＿＿＿＿＿＿＿＿, 已经等你们等了一个小时了。

② 내가 진작에 말하지 않았니? 이번 회화시험에 자기소개 문제가 나올 것이라고.

→ ＿＿＿＿＿＿＿＿＿＿? 这次的口试题中会出自我介绍的。

③ 나는 이미 시험지를 다 풀었고, 스스로 두 번이나 검사도 했다.

→ ＿＿＿＿＿＿＿＿＿＿, 已经自己检查了两遍了。

❷ 다음 주어진 단어를 배열하여 문장을 완성하세요.

① 早 / 他 / 排队 / 这儿 / 在 / 了 / 就　　그는 일찍부터 이곳에 줄을 섰다.

→ ＿＿＿＿＿＿＿＿＿＿＿＿＿＿＿＿＿

② 我 / 就 / 了 / 早 / 起床　　나는 일찍 일어났다.

→ ＿＿＿＿＿＿＿＿＿＿＿＿＿＿＿＿＿

③ 认识 / 我们 / 早 / 就 / 了　　우리는 일찍부터 알고 있었다.

→ ＿＿＿＿＿＿＿＿＿＿＿＿＿＿＿＿＿

② 一……就……

'~ 하자마자 ~하다, ~하기만 하면 ~하다'의 의미로, 동작의 연속, 즉 하나의 행동이나 상황이 발생한 후 곧바로 또 다른 상황이나 행동이 이어짐을 나타낸다.

一来到这儿就能感受到一股浓厚的艺术气息。

他一看书就想睡觉。

A: 你打算什么时候去图书馆?　　　B: 我一下课就去。

확인문제

❶ 괄호 안의 단어와 '一A就B' 구문을 이용하여 문장을 완성하세요.

① 具体日程一定下来, _____。(电话)
구체적인 일정이 확정되자마자 네게 전화할게.

② _____就是汽车站。(学校后门, 出去)
학교 후문에서 나가자마자 바로 버스정류장이다.

③ 他们俩最近一见面_____。(讨论)
요즘 그 둘은 만나기만 하면 유학가는 일을 토론한다.

❷ 다음 주어진 단어를 배열하여 문장을 완성하세요.

① 这首歌 / 我 / 你 / 能 / 听见 / 就 / 想起 / 一　　　나는 이 노래를 듣기만 하면 너를 떠올릴 수 있어.

→ _____

② 就 / 他 / 出门 / 一 / 吃 / 早饭 / 了 / 完　　　그는 아침밥을 먹자마자 바로 나갔다.

→ _____

③ 妈妈 / 一 / 笑了 / 孩子 / 见到 / 就　　　아이는 엄마를 보자마자 웃었다.

→ _____

③ A是A, 不过B

구어체에서 자주 사용하는 문형으로, 'A하기는 A하나, (그러나) B하다'의 의미를 나타낸다. 상대방의 의견이나 어떤 사실을 일단 인정하되, 뒤에 보통 但(是), 不过, 可是, 就是 등 전환의 의미를 나타내는 절을 통해 화자가 진정으로 표현하고자 하는 의견이나 뜻을 나타낸다. A는 주로 명사(구), 형용사(구), 동사(구), 주술구 등을 써준다.

好是好, 但我怕电影的对白太快, 我听不懂啊。

好吃是好吃, 不过太油了。

喜欢是喜欢, 可是太贵了。我还是买别的吧。

A: 这件白色的裙子很漂亮, 你试一试吧。

B: 漂亮是漂亮, 就是太容易脏了。

확인문제

❶ 다음 문장에서 틀린 부분을 찾아 바르게 고치세요.

① 去是不去, 但是还没定好时间。　　　→　_____

② 听是听, 而且都听懂了。　　　　　　→　_____

③ 想去是想去, 所以没有那么多钱。　　→　_____

❷ 다음 주어진 문장의 밑줄에 들어갈 내용을 보기에서 고르세요.

> **보기**
> A 香是香　　　B 不难是不难　　　C 漂亮是漂亮

① _____, 不过太瘦了。

② _____, 可是我不喜欢这种味道。

③ _____, 但是作业量太大了。

④ 一边……一边……

병렬관계를 나타내는 복문으로, '~하면서, ~하다'의 의미를 지닌다. 한 가지 일을 진행하는 동시에 다른 일도 같이 하는 것을 나타낸다. 즉 두 가지 일을 동시에 진행하는 상황에서 쓴다.

我就一边看字幕, 一边练习听力吧。

我爸爸喜欢一边吃饭, 一边看报。

A: 你学习的时候怎么还听音乐?

B: 一边听音乐一边学习是我的习惯。

확인문제

문맥에 맞게 다음 문장을 완성하세요.

① 暑假我们去了海边, 在那里_____, 一边在海边散步。

여름방학 때 우리는 바닷가로 놀러 갔는데, 파도 소리를 들으면서, 해변을 산책했다.

② 她经常_____, 一边看电视。

그녀는 늘 밥을 지으면서, 텔레비전을 본다.

③ 他_____, 一边露出了半信半疑的神色。

그는 고개를 끄떡이면서도, 반신반의하는 표정을 지었다.

▶ 05-05

 我一**下**课就**去玩儿**。

到中国　去上海外滩

看书　　睡觉

喝酒　　喝醉了

A 你昨天喝酒了吗?

B 喝酒了，不过一喝酒就喝醉了。

 韩国菜　　　**好吃**是**好吃**，不过有点儿辣。

电视剧　好看　好看　　　　听不懂

整容手术　好　　好　　　　　贵

话　　　好听　好听　　　　难

A 你觉得韩国话好听吗?

B 我觉得韩国话好听是好听，不过有点儿难。

❸ 我喜欢一边**听音乐**，一边**学习**。

走路　　　　思考问题

吃零食　　　看电视

打工　　　　上学

A 你学习的时候怎么还听音乐?

B 我喜欢一边听音乐，一边学习。

1 녹음을 듣고 주어진 문장과 일치하면 √를, 일치하지 않으면 ×를 표시하세요. ▶ 05-06

① 他是前年毕业的。

② 我喜欢打电话的时候喝咖啡。

③ 这个小孩儿不怎么可爱。

④ 今天的课已经结束了。

2 녹음을 듣고 질문에 알맞은 대답을 고르세요. ▶ 05-07

① A 看了   B 没看但想看   C 不想看

② A 有些地方不清楚   B 没有读过   C 只是想

③ A 很有意思   B 很精彩   C 没劲

④ A 只学习   B 听音乐   C 不听音乐

3 다음 빈칸에 들어갈 알맞은 단어를 고르세요.

보기

A 但   B 早   C 一   D 一边

① _____ 就听说这个博物馆很有特点。

② _____ 来到这儿就能感受到一股浓厚的艺术气息。

③ 好是好，_____ 我怕电影的对白太快，我听不懂啊。

④ 我爸爸喜欢 _____ 吃饭，一边看报。

4 다음 주어진 세 문장을 알맞은 순서로 나열하세요.

① A : 琉璃艺术博物馆是上海著名的博物馆之一

B : 二楼和三楼是展览馆

C : 一楼是商品区和餐饮区

정답 : _____

② A : 但是民秀担心自己听不懂对白

B : 最后，他决定一边看字幕，一边练习听力

C : 张林和民秀打算一起去看《杜拉拉升职记》

정답 : _____

5 다음 질문에 알맞은 답을 고르세요.

① 这里就是上海著名的琉璃艺术博物馆。一楼是商品区和餐饮区，二楼和三楼才是展览馆，咱们上去看一看吧。

★ 下面哪一层不是展览馆?

A 一楼　　　　　　　B 二楼　　　　　　　C 三楼

② 电影《杜拉拉升职记》是根据小说改编的，讲的是年轻人奋斗的故事。小说《杜拉拉升职记》非常受欢迎，除了电影还被改编成了电视剧和话剧。

★ 根据小说《杜拉拉升职记》改编的不包括下面哪一个?

A 电影　　　　　　　B 电视剧　　　　　　C 歌剧

③ 民秀看过小说《杜拉拉升职记》，还没看过电影《杜拉拉升职记》。他担心电影中的对白太快，听不懂。不过电影的内容和小说差不多，还有字幕，民秀还是打算去看一看。

★ 虽然担心对白太快，民秀还是打算去看电影的理由不包括哪一个?

A 对白太快　　　　　B 内容差不多　　　　C 有字幕

6 본문 회화를 참고하여 박물관 등을 관람하는 대화를 해보세요.

① 上海 / 当代艺术馆 / 艺术品

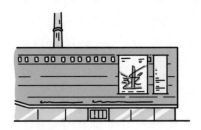

② 北京 / 国家大剧院 / 建筑风格

③ 陕西 / 历史博物馆 / 古代瓷瓶

④ 苏州 / 民俗博物馆 / 传统点心

참고대화

A:看，这就是上海著名的琉璃艺术博物馆。

B:早就听说这个博物馆很有特点，果然名不虚传。

A:咱们去看一看吧!

B:哇! 这儿的琉璃艺术品简直太漂亮了!

상하이 대극장과 유리예술박물관

상하이는 '예술의 전당'이라고 부르는데, 특히 상하이 대극장과 유리예술박물관이 유명하다. 상하이 대극장은 세계 건축 역사상 최초로 유리로 벽을 만든 건물이다. 대극장에는 대형, 중형, 소형 이렇게 세 개의 극장이 있는데, 1,800명을 수용할 수 있는 대형극장은 주로 발레와 오페라를 공연할 때 사용하고, 600석 규모의 중형극장은 실내음악연주용으로 사용하며, 200석 규모의 소극장은 연극과 가무극을 공연할 때 사용한다.

상하이 유리예술박물관은 아시아 최초로 유리예술과 관련된 작품만을 전시해 놓은 곳으로, 1층은 유리로 만든 공예품, 각종 기념품 판매 상점, 서적, 간단한 음식과 차를 즐길 수 있는 카페 등이 있다. 그리고 2층과 3층에 본격적으로 유리 공예 전시품을 전시하고 있다.

〈상하이 대극장〉

〈상하이 유리예술박물관〉

| 전당 | 殿堂 | 발레 | 芭蕾 | 연극 | 话剧 | 공예품 | 工艺品 |
| 유리 | 玻璃 | 오페라 | 歌剧 | 가무극 | 歌舞剧 | 기념품 | 纪念品 |

06

复习 1~5 课

복습 1~5과

학습 목표

❶ 1 ~ 5과에서 배운 필수 단어와 회화 표현을 확인하고 복습한다.

① 동사

06-01

怪 guài 책망하다	发愁 fāchóu 걱정하다
节省 jiéshěng 절약하다	相比 xiāngbǐ 비교하다
支持 zhīchí 지지하다	错过 cuòguò 놓치다
多亏 duōkuī 덕분이다	提醒 tíxǐng 깨우치다
获得 huòdé 획득하다	举办 jǔbàn 개최하다
享 xiǎng 누리다	实行 shíxíng 실행하다
分工 fēngōng 분담하다	负责 fùzé 책임지다
感受 gǎnshòu 느끼다	奋斗 fèndòu 분투하다

② 형용사 & 부사

06-02

果然 guǒrán 과연	一块儿 yíkuàir 같이
挺 tǐng 매우	差点儿 chàdiǎnr 하마터면
可惜 kěxī 아쉽다	共同 gòngtóng 공통의
著名 zhùmíng 유명하다	简直 jiǎnzhí 정말
相当 xiāngdāng 상당히	浓厚 nónghòu 농후하다

③ 명사

06-03

风情 fēngqíng 지역적 특색	风格 fēnggé 풍격
称号 chēnghào 칭호	步行街 bùxíngjiē 보행자 거리
商业街 shāngyèjiē 상점가	中华 Zhōnghuá 중국, 중화
老字号 lǎozìhào 전통있는 가게	名牌 míngpái 유명 브랜드
口味 kǒuwèi 입맛	平时 píngshí 평소
种类 zhǒnglèi 종류	口感 kǒugǎn 맛
凌晨 língchén 새벽	冠军 guànjūn 우승
实力 shílì 실력	球迷 qiúmí 팬
亚军 yàjūn 준우승	家务 jiāwù 집안일
清福 qīngfú 소박한 행복	份儿 fènr 몫
影集 yǐngjí 사진첩	期间 qījiān 기간
志愿者 zhìyuànzhě 지원자	称呼 chēnghu 호칭
年龄 niánlíng 나이	修养 xiūyǎng 소양
餐饮 cānyǐn 음식과 음료	展览馆 zhǎnlǎnguǎn 전시관
艺术品 yìshùpǐn 예술품	气息 qìxī 정취
对白 duìbái 대화	字幕 zìmù 자막

① 도시 탐방하기　　　　　　　　　　　　▶ 06-04

Ⓐ 周末你一个人闷在家里干什么啊?

Ⓑ 我倒是想出去多走走, 可哪里都不认识啊。

Ⓐ 我带你去外滩那边逛逛吧。

Ⓑ 听说外滩是外国人必去之地, 那里充满了异国风情。

② 구내 식당에서 밥먹기　　　　　　　　　▶ 06-05

Ⓐ 你经常在食堂吃饭吗?

Ⓑ 是的, 中国学生平时一般都会选择在食堂吃饭。

Ⓐ 是因为食堂比较方便吗?

Ⓑ 对, 在食堂打菜比在外面点菜更节省时间。

③ 축구경기에 대해 이야기하기　　　　　　▶ 06-06

Ⓐ 比赛终于结束了。

Ⓑ 真可惜, 西班牙获得冠军, 我支持的荷兰队输了。

Ⓐ 荷兰队表现不错, 何况以前也进入过决赛。

Ⓑ 没关系, 胜败乃兵家常事嘛。

4 친구에 대해 이야기하기

06-07

Ａ 这位白发苍苍的外国老爷爷是谁啊?

Ｂ 这位是我在世博会期间做志愿者时认识的朋友。

Ａ 啊,朋友? 在韩国,只有同岁的人,才能叫"朋友"呢。

Ｂ 在中国啊,只要有共同语言,大家就都是"朋友"。

5 영화 관람 계획하기

06-08

Ａ 明天我们一起去看《杜拉拉升职记》吧。

Ｂ 好是好,不过我怕电影的对白太快,我听不懂啊。

Ａ 没关系,电影的内容和小说差不多。

Ｂ 那好,我就一边看字幕,一边练习听力吧。

단어 익히기

1 다음 빈칸에 알맞은 단어를 써서 퍼즐을 완성하세요.

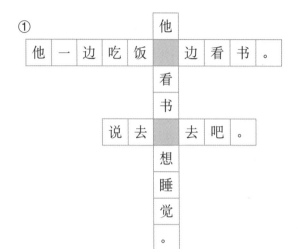

①

| | | | | 他 | | | | |
| 他 | 一 | 边 | 吃 | 饭 | | 边 | 看 | 书 | 。 |

看
书

| 说 | 去 | | 去 | 吧 | 。 |

想
睡
觉
。

② 风
格
都
不

| | 课 |
| | 早 |

| 我 | | 下 | 课 | | 去 | 。 |

样
。

开
始
了
。

2 다음 중국어와 한국어의 뜻을 알맞게 연결하세요.

① 果然 ● ● 과연

② 节省 ● ● 정말로

③ 简直 ● ● 절약하다

3 게임해 보세요.

게임방법
• 배운 단어를 적어 넣고 중국어로 말합니다. (필수 단어 참조)
• 불려진 단어를 하나씩 체크하여 먼저 세 줄을 연결하면 "빙고"를 외칩니다.

1 다음 주어진 그림과 제시어를 참고하여 대화를 만들어 보세요.

① 상하이 와이탄 구경하기

제시어

不愧 / 中华商业街 /
世界名牌 / 热热闹闹

첫 문장

A 我们已经到了南京路
步行街。

② 식당음식에 대해 이야기하기

제시어

方便 / 种类 / 便宜 /
口感 / 差

첫 문장

A 我经常在食堂吃饭。

③ 함께 축구경기 응원하기

제시어

错过 / 酒吧 / 人多 / 气氛

첫 문장

A 世界杯决赛你打算看吗?

④ 중국의 가정 문화에 대해 이야기하기

제시어

妈妈 / 好吃 / 负责 /
衣服 / 房间

첫 문장

A 怎么你家是叔叔做饭啊?

⑤ 유리예술박물관 참관하기

제시어

特点 / 气氛 / 不错 / 浓厚 /
艺术气息

첫 문장

A 这就是上海著名的琉璃
艺术博物馆。

1 다음 문장을 읽고 우리말을 중국어로 바꾸어 보세요.

민수가 주말에 ① ☐☐☐☐☐ , 장린은 ② ☐☐☐☐☐☐ 며,
　　　　　　　집에 혼자 있자.　　　　　　　주인 된 도리를 다하여 손님을 대접해야 한다

민수를 상하이 ③ ☐☐ 에 데려가겠다고 한다.
　　　　　　와이탄

와이탄에 있는 남경로 ④ ☐☐☐☐☐ 에 도착하고, 번화한 모습에 놀란 민수는
　　　　　　　　　　보행자거리

⑤ "☐☐☐☐☐☐☐"로서 손색이 없다고 한다.
　중국 상업 제1가

장린의 집에 초대받은 민수는, 장린의 ⑥ ☐☐☐ 을 보고 ⑦ ☐☐☐☐☐☐ 한
　　　　　　　　　　　　　　　　사진첩　　　　　　　백발이 성성한

노인을 보며 누구냐고 묻고, 장린은 자신의 친구이며,

중국에서는 ⑧ ☐☐☐☐☐ 만 있으면, 모두가 친구라고 한다.
　　　　　공감대

예술적 ⑨ ☐☐ 을 기르기 위해, 장린과 민수는 ⑩ ☐☐☐☐☐☐☐☐
　　　소양　　　　　　　　　　　　　　　　상하이 유리예술박물관

☐☐ 을 찾고, 장린은 이곳의 1층은 ⑪ ☐☐☐☐☐☐ 이 있고,
　　　　　　　　　　　　　　　　　상점과 음식점

2,3층은 ⑫ ☐☐☐☐ 이라고 설명해준다.
　　　전시관

07

看中国电影。

중국 영화를 보다.

학습
목표

① 영화 감상평을 이야기하며 관련 표현을 익힌다.
② 사람이나 사물에 대해 말하는 표현을 배운다.

기본
표현

① 尤其是中国的功夫电影。
② 我忘了带学生证，买不了学生票了。
③ 对于喜欢功夫电影的人来说，李小龙是再熟悉不过的了。

▶ 07-01

功夫 gōngfu 명 (무술 방면의) 솜씨, 조예

功夫电影 gōngfu diànyǐng 무술 영화

叶问 Yè Wèn 고유 엽문[인명, 영춘권의 전수자이자 '이소룡'의 스승]

只是 zhǐshì 접 다만, 단지

票价 piàojià 명 티켓가격, 표 값

一律 yílǜ 부 일률적으로, 모두

打折 dǎzhé 동 할인하다, (값을) 깎아주다

中国通 Zhōngguótōng 명 중국통[중국의 각 방면에 해박한 사람]

李小龙 Lǐ Xiǎolóng 고유 이소룡[인명, 절권도의 창시자]

师父 shīfu 명 스승, 사부, 선생님

跟随 gēnsuí 동 따르다

咏春拳 Yǒngchūnquán 고유 영춘권[중국 남파 권법의 일종]

熟悉 shúxī 명 잘 알다, 익숙하다

具有 jùyǒu 동 가지다, 지니다

影响力 yǐngxiǎnglì 명 영향력

巨星 jùxīng 명 거성, 대스타

查 chá 동 검사하다, 점검하다

资料 zīliào 명 자료

网站 wǎngzhàn 명 (인터넷) 웹사이트

百度 Bǎidù 명 바이두[중국 사람들이 가장 많이 이용하는 인터넷 검색 사이트]

输入 shūrù 동 입력하다

搜索 sōusuǒ 동 (인터넷을) 검색하다

1 중국 영화 보기

▶ 07-02

张林　　民秀，你喜欢看电影吗？

朴民秀　非常喜欢，尤其是中国的功夫电影。

张林　　那我们就去附近的电影院看《叶问》❶，怎么样？

> ❶ 영화 '엽문'은 엽위신 (叶伟信) 감독의 역사 액션물로, 엽문(1893-1972)의 무예와 사람 됨, 애국정신을 잘 그려냈다.

朴民秀　好啊，我早就想看这部电影了，只是一直没有机会。

张林　　哎呀，我忘了带学生证，买不了学生票了。

朴民秀　没关系。你不知道吗？十二点以前的票价一律打五折。

> ❷ 부사 快는 了와 함께 쓰이면, '곧, 머지않아'의 의미를 지닌다.

张林　　你连这个都知道？
　　　　你快变成"中国通"了❷！

> 问一下
> 张林为什么说民秀快变成"中国通"了?

② 영화 감상평 이야기하기 ▶ 07-03

朴民秀　　电影太精彩了! 原来叶问是李小龙的师父啊!

张林　　　是啊，李小龙在十三岁时跟随叶问学习了咏春拳。

朴民秀　　对于喜欢功夫电影的人来说，李小龙是再熟悉不过的了。

张林　　　对啊，李小龙是具有世界影响力的功夫巨星。

朴民秀　　我想具体地了解《叶问》和李小龙的情况，怎么上网查资料呢?

张林　　　在"百度"网站上输入你想了解的内容就行了。

问一下

李小龙与叶问是什么关系?

3 민수와 장린의 영화 감상

07-04

民秀很喜欢看中国的功夫电影。所以他和张林一起去附近的电影院看了《叶问》。叶问是功夫巨星李小龙的师父，对于喜欢功夫电影的人来说，李小龙是再熟悉不过的了。民秀觉得电影很精彩，他想多了解一些《叶问》和李小龙的情况，所以他问张林怎么上网查资料。张林告诉他可以去"百度"搜索。

问一下

张林建议民秀在什么网上查一查?

① 尤其

여러 대상이나 상황 중에서 '가장, 특히'라는 뜻으로, 뒤 구절에 쓰이며 동사 是를 자주 수반한다. 같은 종류의 사물이나 전체 중에서 어떤 것이 특출남을 나타낼 때 쓰인다.

我非常喜欢电影, 尤其是中国的功夫电影。

发音是初学者尤其要注意的问题。

A: 听说你最近迷上看小说了?

B: 是啊, 尤其是历史小说, 已经看了两部了。

확인문제

❶ 다음 주어진 단어를 배열하여 문장을 완성하세요.

① 尤其 / 吃 / 水果 / 我 / 西瓜 / 是 / 喜欢
나는 과일을 좋아하는데, 특히 수박을 가장 좋아한다.

　➡ _____

② 运动 / 感兴趣 / 尤其 / 对 / 登山 / 很 / 是 / 我
나는 운동에 매우 관심이 있는데, 특히 등산을 가장 좋아한다.

　➡ _____

③ 小心 / 要 / 下雨了 / 开车时 / 尤其 / 路滑
비가 와서, 운전할 때 특히 길이 미끄러우니 조심해야 한다.

　➡ _____

❷ 다음 괄호에서 尤其의 위치를 찾으세요.

① 今年 (A) 流行浅色, (B) 是 (C) 白色。

② 他 (A) 会说三门外语, (B) 是汉语, (C) 说得最好。

③ 这个箱子里装的 (A) 是玻璃杯, (B) 搬的时候 (C) 要小心。

② 접속사 只是

비교적 가벼운 어감으로 전환관계를 표시하는 접속사로, 뒤 구절에 쓰인다. 可是, 但是와 기본적으로
의미나 쓰임이 같다.

我非常喜欢旅行, 只是工作太忙, 没有时间去。

那家餐厅的菜味道很好, 只是有点儿贵。

A: 你感冒了。吃药了吗?
B: 吃了, 只是没有效果。

확인문제

❶ 다음 只是의 용법이 다른 하나를 고르세요.

　　① 这件衣服很漂亮, 只是不适合我。

　　② 我们只是想了解一下情况, 不需要很多时间。

　　③ 他汉语说得很好, 只是不会写汉字。

❷ 다음 한국어 문장을 참고하여 중국어로 작문해 보세요.

　　① 이 책은 좋기는 하지만, 너무 어렵다.

　　→ _____

　　② 이 지역의 환경은 좋기는 하지만, 시내에서 좀 멀다.

　　→ _____

　　③ 나는 이미 밥을 다 먹었지만, 배가 부르지 않다.

　　→ _____

3 对(于)……来说

어떤 사물이나 사람에 대해 말할 때 쓰이는데, 사물보다는 주로 사람에 대해 말할 때 더 자주 쓰인다. '~에 대해 말하자면'의 의미를 지닌다.

对于喜欢功夫电影的人来说，李小龙是再熟悉不过的了。

对于北方来说，这样的天气并不常见。

A: 下学期我作为交换学生要去中国留学一年。

B: 对你来说，这是一个很好的机会。

확인문제

① 다음 주어진 단어를 배열하여 문장을 완성하세요.

　① 对于 / 新鲜 / 来说 / 一切 / 很 / 小孩子 / 都　어린아이로 말하면, 모든 것이 매우 새롭다.

　　→ _____

　② 很 / 来说 / 主人 / 对于 / 重要 / 的 / 关心 / 小狗　강아지로 말하면, 주인의 관심이 매우 중요하다.

　　→ _____

　③ 主要 / 结果 / 对 / 才是 / 来说 / 的 / 他　그에 대하여 말하자면, 결과만이 중요하다.

　　→ _____

② 다음 주어진 문장의 밑줄에 들어갈 내용을 보기에서 고르세요.

　보기
　　A 喜欢甜食的人　　B 长时间坐着工作的人　　C 学习汉语的韩国学生

　① 对于 _____ 来说，运动是很有必要的。

　② 对 _____ 来说，韩汉词典是很重要的。

　③ 对 _____ 来说，水果冰淇淋是一个不错的选择。

4 再……不过

정도가 아주 심함을 나타내며, 再와 不过 사이에는 대부분 형용사가 온다. '아주 ～하다, 매우 ～하다'의 의미를 지닌다.

你如果能参加, 那就再好不过了。

他再清楚不过地解释了一遍。

A: 你汉语进步这么快, 有什么好方法吗?
B: 我的方法再简单不过了, 找一个中国朋友就行了。

확인문제

❶ 괄호 안의 단어와 '再……不过' 구문을 이용하여 문장을 완성하세요.

　① 对于他来说, 能买到回家的机票_____。 (幸福)

　② 这家饭店的生鱼片_____。 (新鲜)

　③ 每次看到儿子笑, 她都_____。 (高兴)

❷ 다음 주어진 문장의 밑줄에 들어갈 내용을 보기에서 고르세요.

> **보기**
>
> A 再恰当不过　　　B 再正常不过　　　C 再轻松不过

　① 做错了事情要道歉, 这是_____的事情了。

　② 他有经验, 这件事让他去办, 是_____的了。

　③ 考完试之后和朋友一起出去玩, 真是_____了。

▶ 07-05

1 一起去**野餐**是一个好**主意**，尤其是这么好的**天气**。

唱歌	好的舞台
买礼物	重要的礼物
健身房	便宜的价格

응용 연습

A 今天是我的生日，我想请大家去唱歌。

B 一起去唱歌是一个好主意，尤其是这么好的舞台。

2 那家餐厅的菜味道很好，只是有点儿贵。

这件衣服很漂亮	不适合你
那本书很好	太难了
这个小区环境很好	有点儿远

응용 연습

A 那家餐厅怎么样？

B 那家餐厅的菜味道很好，只是有点儿贵。

3 对**她**来说，这些菜太多了。

他	这个包太重了
我	这个菜太辣了
北方人	这里的天气太热了

응용 연습

A 这个菜合你的口味吗？

B 对我来说，这个菜太辣了。

1 녹음을 듣고 주어진 문장과 일치하면 √를, 일치하지 않으면 ×를 표시하세요. ▶ 07-06

① 我去北京了。

② 我喜欢下雪。

③ 这个问题我明白了。

④ 这件事情我不清楚。

2 녹음을 듣고 질문에 알맞은 대답을 고르세요. ▶ 07-07

① A 运动要坚持　　B 不想学游泳　　C 刚开始的时候不难

② A 不喜欢这家餐厅的菜　　B 很喜欢这家餐厅的菜　　C 这家餐厅的菜不贵

③ A 质量不好　　B 价钱不便宜　　C 要等很长时间

④ A 男的不用去　　B 男的七点去　　C 男的六点去

3 다음 빈칸에 들어갈 알맞은 단어를 고르세요.

보기

　　　A 尤其　　B 对于　　C 只是　　D 不过

① _____ 喜欢功夫电影的人来说，李小龙是再熟悉不过的了。

② 我早就想看这部电影，_____ 一直没有机会。

③ 我非常喜欢电影，_____ 是中国的功夫电影。

④ 你如果能参加，那就再好 _____ 了。

4 다음 주어진 세 문장을 알맞은 순서로 나열하세요.

① A : 所以张林今天请他看电影

B : 民秀很喜欢看电影

C : 只是来中国以后，没有机会看　　　　　정답 : _____

② A : 只要输入想了解的内容就行了

B : 张林告诉他可以去百度查资料

C : 民秀想具体地了解《叶问》和李小龙的情况

정답 : _____

5 다음 질문에 알맞은 답을 고르세요.

① 民秀很喜欢看电影，只是来中国以后，没有机会看。所以张林今天请民秀看
了《叶问》。

★ 民秀在中国为什么没看过电影？

A 不喜欢看电影　　　　　B 没有钱　　　　　C 没有机会看

② 张林问民秀看几点的电影，民秀说看十一点的，因为十二点前票价一律打五
折。

★ 民秀为什么要看十一点的电影？

A 十一点的票价很便宜　　B 他喜欢上午看电影　　C 十一点的电影很好看

③ 民秀觉得电影很精彩，他想具体地了解关于电影的信息，张林建议民秀在
"百度"上查一查。

★ 张林建议民秀做什么？

A 问老师　　　　　　　　B 在书上查一查　　　　C 上网查一查

6 본문 회화를 참고하여 친구와 무엇을 할지에 대해서 대화를 해보세요.

① 去旅行 / 桂林

② 买鲜花 / 百合

③ 做运动 / 校园运动场

④ 吃面 / 意大利面

참고대화

A : 你喜欢看电影吗?

B : 非常喜欢，只是不知道最近有什么好看的电影。

A : 听说《叶问》还不错，我请你看吧?

B : 太好了! 谢谢!

영화와 영화제

영화의 종류에는 액션 영화, 멜로 영화, 코미디 영화, 전쟁 영화, 공포 영화, 공상 과학 영화 등 여러 가지가 있다.

영화제는 이러한 많은 영화 작품을 모아서 일정 기간 내에 연속적으로 상영하는 행사를 가리 키는데, 세계적으로 영향력이 큰 영화제로는 이탈리아에서 개최되는 베네치아 국제영화제, 프 랑스의 칸 영화제, 독일의 베를린 국제영화제, 러시아의 모스크바 국제영화제, 스위스의 로카 르노 국제영화제 등이 있고, 우리 나라에서 열리는 영화제로는 부산 국제영화제, 전주 국제영 화제 등이 있다. 중국의 영화계에서 최우수 남우주연상을 받았거나 최고로 공인된 남자 배우 는 영화 황제, 최우수 여우주연상을 받았거나 최고로 공인된 여자 배우는 영화 황후라고 부르 며, 이 밖에 영화를 굉장히 좋아하는 사람은 영화광이라고 부른다.

액션 영화	动作片	칸	戛纳
멜로 영화	爱情片	베를린	柏林
코미디 영화	喜剧片	모스크바	莫斯科
전쟁 영화	战争片	로카르노	洛迦诺
공포 영화	恐怖片	영화 황제	影帝
공상 과학 영화	科幻片	영화 황후	影后
베네치아	威尼斯	영화광	影迷

08

什么是"早市"?
'早市'가 뭐니?

학습
목표

① 중국에 있는 백화점에서 쇼핑할 때 사용하는 표현을 배운다.
② 조건문 및 자신의 관점을 나타낼 때 사용하는 표현을 배운다.

기본
표현

① 早市还有现做现卖的早点。
② 早市散场早，你想去除非你不睡懒觉。
③ 这件够活泼大方了吧?
④ 这件不错，看上去比较有朝气。

早市 zǎoshì 명 새벽 시장, 아침 시장

蔬菜 shūcài 명 채소

日用品 rìyòngpǐn 명 일용품

早点 zǎodiǎn 명 (간단한) 아침식사

热乎乎 rèhūhū 형 따끈따끈하다, 뜨겁다

香喷喷 xiāngpēnpēn 형 고소하다, 향긋하다

除非 chúfēi 접 오직 ~해야만

百货商场 bǎihuò shāngchǎng 명 백화점

搞 gǎo 동 하다, 처리하다

促销 cùxiāo 동 판촉하다, 판매를 촉진하다

淘 táo 동 (시장, 중고시장, 백화점, 인터넷 쇼핑몰 등에서 괜찮은 물건을 찾아) 구매하다, 사다

性价比 xìngjiàbǐ 명 가성비

大衣 dàyī 명 코트, 외투

显得 xiǎnde 동 ~해 보이다, ~인 것처럼 생각 되다

气质 qìzhì 명 기품, 품격

款式 kuǎnshì 명 스타일, 양식

过时 guòshí 동 유행이 지나다, 시대에 뒤떨어 지다

土 tǔ 형 촌스럽다, 촌티 나다

活泼 huópo 형 활기차다, 발랄하다

大方 dàfang 형 세련되다, 점잖다

朝气 zhāoqì 명 생기, 패기

새벽 시장가기 ▶ 08-02

朴民秀　什么是"早市"？早上的市场？

张林　你说对了，只有早上才有的市场。卖水果、蔬菜、日用品什么的。

朴民秀　早市卖的东西都很新鲜吧？

张林　是啊，早市还有现做现卖的早点，热乎乎、香喷喷的。

朴民秀　说得我口水都要流❶下来了，有时间带我去看看吧。

> ❶ 流口水는 '군침이 나온다'는 뜻으로, 음식이 맛있거나 맛있는 것을 먹고 싶음을 강조한다.

张林　早市散场早，你想去除非你不睡懒觉。

问一下

什么是"早市"？

2 백화점에서 옷 사기

08-03

朴民秀　今天百货商场搞促销活动，咱俩去淘❷点儿性价比高的好物。

❷ 많은 물건 중에서 괜찮은 것을 힘들게 찾아내는 것을 나타낸다. 중국의 쇼핑 사이트인 淘宝网도 같은 의미를 내포하고 있다.

张林　好吧，今天就听你的。

朴民秀　这件大衣怎么样？穿上是不是显得挺有气质？

张林　这种款式过时了，颜色也有点儿土。

朴民秀　那这件呢？够活泼大方了吧？

张林　啊，这件不错，看上去比较有朝气，很适合你。

朴民秀　那就这件吧。服务员，这件怎么卖？

张林　现在正好是打折期间，打完折后六百八十元。

 问一下

民秀最后买了什么样的衣服？打折了吗？

3 함께 쇼핑하기

08-04

　　民秀和张林一起去了百货商场。因为现在百货商场正在搞促销活动，他们想去淘点儿便宜货。民秀一直想买一件大衣。他挑的第一件大衣张林说款式已经过时了，接下来他又挑了一件，这件衣服看上去很有朝气，很活泼。他们两个人都很满意。最后民秀花六百八十元买了这件大衣。

问一下

民秀和张林为什么去了百货商场？最后，谁买了什么东西？

1 现+동사

现은 '현장'의 의미로, 동사 앞에 现이 오면 '그 자리에서 당장 어떤 행동을 한다'는 의미를 지닌다.

早市还有现做现卖的早点。

这是我在机场现买的包。

A: 我昨天刚学了"你好", 就去和中国朋友打招呼了。
B: 你这是现学现用啊。

확인 문제

❶ 다음 주어진 문장의 밑줄에 들어갈 내용을 보기에서 고르세요.

보기

| A 现选 | B 现想 | C 现看 |

① 马上要考试了, 现在_____也来不及了。

② 很久以前的事了, 现在_____也想不起来。

③ 我们小组一直没有组长, _____一个去开会吧。

❷ 문맥에 맞게 다음 문장을 완성하세요.

① 明天去登山, 我没有登山鞋, 就_____。
   내일이면 등산을 가는데, 나는 등산화가 없어서 그 자리에서 한 켤레 살 것이다.

② 我没带笔, 得_____。   나는 펜을 가져오지 않아서, 당장 하나를 빌려야 한다.

③ 马上要上课了, _____。   곧 수업이 시작하여, 당장 숙제를 할 여유가 없다.

접속사 除非

除非는 조건문에 쓰여, 어떠한 조건에서만 어떤 결과가 나타날 수 있음을 강조한다. 뒤에 보통 才와 호응하며, '오직 ~해야만, 비로소 ~할 수 있다'의 의미를 지닌다.

除非戒烟, 才能治好你的病。

除非有重要的事, 他才会请假。

앞에서 제기한 유일한 조건과 상반된 상황에서 어떤 결과가 나타나는 경우에는, 뒤에 보통 否则와 호응하며 '반드시 ~해야 한다, 그렇지 않으면 ~한다'의 의미를 지닌다.

除非天气好, 否则比赛无法照常进行。

除非老王亲自去请他, 否则绝对不来。

확인문제

다음 한국어 문장을 참고하여 중국어로 작문해 보세요.

① 반드시 차를 몰고 그녀를 데리러 가야 한다. 그렇지 않으면 그녀는 안 올 것이다.

→ _____

② 반드시 아이에게 맛있는 것을 사줘야 한다. 그렇지 않으면 아이가 울 것이다.

→ _____

③ 오직 운동을 해야만 비로소 다이어트를 성공할 수 있다.

→ _____

③ 부사 够 1

부사 够는 정도를 나타내며 '꽤, 무척'의 의미를 지닌다. 주관적 감정의 색채를 지닌 정도부사 중 하나로 약간 과장된 어감을 표현하는데, 보통 형용사 앞에 많이 온다.

긍정형식인 경우, 문장 끝에는 보통 的, 了, 的了 등이 함께 쓰인다.

这件够活泼大方了吧?　　　　　　今年的夏天真够热的。

A: 你怎么还不睡啊?

B: 这天可真够热的, 睡不着啊!

부정형식은 不够를 써주며, 이 경우 的, 了, 的了 등은 함께 쓰지 않는다.

我的汉语还不够好。　　　　　　这场比赛不够精彩。

他这个人可真是不够义气, 朋友的这点儿事都不帮忙。

확인문제

다음 주어진 단어를 배열하여 문장을 완성하세요.

① 英语 / 说得 / 你的 / 好 / 够 / 的了　　너는 영어를 무척 잘한다.

→ _____

② 衣服 / 这件 / 漂亮 / 够 / 的 / 真　　이 옷은 정말이지 예쁘다.

→ _____

③ 这场 / 够 / 演唱会 / 的 / 精彩 / 了　　이번 콘서트는 꽤 훌륭하다.

→ _____

④ 看上去

말하는 사람이 가지고 있는 어떤 관점이나 태도 등을 말할 때 자주 사용하는 표현으로, '보아하니'의 의미를 지닌다. 뒤에는 보통 절을 수반한다.

这件不错, 看上去比较有朝气。

他问了很多关于小芳的事情, 看上去他很喜欢她。

A: 看上去你还是个大学生吧, 是什么专业的?

B: 我是学法律的。

확인문제

❶ 괄호 안의 단어와 看上去를 이용하여 문장을 완성하세요.

① 这里可真漂亮啊, _____。(大花园)

② 汉语啊, 英语啊, 日语啊, 他都会说。_____。(语言天才)

③ 她每天不是上课, 就是去图书馆。_____。(努力)

❷ 문맥에 맞게 다음 문장을 완성하세요.

① 她一直不和我说话, _____。

그녀는 줄곧 나와 말을 하지 않는다. 보아하니 나를 별로 좋아하지 않는 것 같다.

② 明天有电影欣赏课, _____。

내일 영화 감상 수업이 있다. 보아하니 모두 (영화) 감상을 좋아하는 것 같다.

③ 图书馆没有空座位, _____。

도서관에는 공석이 없다. 보아하니 집에 가서 공부해야 할 것 같다.

▶ 08-05

1 除非给奖品，我才唱歌。

写完作业　　能出去玩儿
他不去　　　带你去
打折　　　　买衣服

응용 연습

A 你不出去玩儿吗？
B 除非写完作业，我才能出去玩儿。

2 今天的作业够多的了。

雨　　大
考试　难
演唱会 精彩

응용 연습

A 你一直在做作业啊？
B 是啊，今天的作业够多的了。

3 他连午饭都没吃，看上去很忙。

天气阴了　　　　　要下雨了
他正在预订机票　　要去旅游
她一直不接我的电话　生我的气了

응용 연습

A 你那儿的天气怎么样？
B 天气阴了，看上去要下雨了。

1 녹음을 듣고 주어진 문장과 일치하면 √를, 일치하지 않으면 ×를 표시하세요. ▶ 08-06

① 我在看演唱会。

② 小张还没上场。

③ 今天不冷。

④ 她最近很忙。

2 녹음을 듣고 질문에 알맞은 대답을 고르세요.

▶ 08-07

① A 明天要去上海　　B 买了便宜的机票　　C 只能买贵一点儿的机票

② A 没写完　　B 男的写完了　　C 女的写完了

③ A 不冷　　B 冷　　C 暖和

④ A 长得一模一样　　B 她们俩是双胞胎　　C 长得很像

3 다음 빈칸에 들어갈 알맞은 단어를 고르세요.

보기

A 除非　　B 现　　C 看上去　　D 够

① 这件不错，_____ 比较有朝气。

② 早市散场早，你想去 _____ 你不睡懒觉。

③ 早市还有 _____ 做现卖的早点。

④ 今年的夏天真 _____ 热的。

4 다음 주어진 세 문장을 알맞은 순서로 나열하세요.

① A : 还有现做现卖的早点

　B : 但早市散场早，想去的话除非不睡懒觉

　C : 早市卖的东西都很新鲜　　　　　　　　정답 : _____

② A : 民秀挑的第一件大衣张林说款式已经过时了

　B : 他们两个人都很满意这件

　C : 接下来他又挑了一件　　　　　　　　　정답 : _____

5 다음 질문에 알맞은 답을 고르세요.

① 早市是只有早上才有的市场，一般卖水果、蔬菜、日用品什么的，水果、蔬菜都很新鲜，还有现做现卖的早点。

　★ 早市现做现卖的是什么？

　　A 水果蔬菜　　　　　　　B 早点　　　　　　　C 日用品

② 早市有现做现卖的早点，热乎乎、香喷喷的。听起来就让人流口水。不过早市散场早，想去的话除非不睡懒觉。

　★ 去早市的话不能：

　　A 买早点　　　　　　　　B 流口水　　　　　　C 睡懒觉

③ 民秀一直想买一件大衣。他挑的第一件张林说款式已经过时了，接下来又挑了一件，这件衣服看上去很有朝气很活泼。他们两个人都很满意。

　★ 民秀挑的第一件怎么样？

　　A 过时了　　　　　　　　B 很有朝气　　　　　C 很活泼

6 본문 회화를 참고하여 친구와 물건을 살 때 쓰이는 여러 대화를 해보세요.

① 衣服

② 化妆品

③ 手提包

④ 高跟鞋

참고대화

A : 今天百货商场搞促销活动。

B : 好啊，去淘点儿便宜货。

A : 这件衣服怎么样？

B : 够漂亮的，看上去特别有气质。

백화점에서의 쇼핑 노하우

중국에 있는 백화점이나 대형 할인 매장 등에서 가장 많이 보는 '판촉'은, 말 그대로 상품 판매를 촉진하기 위한 것이다. 백화점 물건이라고 해서 부착된 가격표에 따라 판매하는 것은 아니며, 마음에 드는 물품이 있으면 가격표를 보고 할인을 하는지를 물어본다. 쇼핑할 때는 밑져야 본전이라는 마음으로 습관처럼 물어보는 것이 중요한데, 그 이유는 아직까지 중국의 대부분 백화점이 직원들에게 인센티브제를 실시하고 있어서 일정 부분 흥정의 여유가 있기 때문이다.

가격 흥정 방법

● 1단계 : "打折吗?" 할인하나요?
　　　　직원이 가능하다고 대답한다면 제품을 살피면서 구매 의향을 보여준다.

● 2단계 : "最低多少?" 최저 가격은 얼마인가요?
　　　　백화점 직원의 표정을 잘 살펴보고 더 깎을 수 있을지를 판단한다.

● 3단계 : "再便宜一点可以吗?" 더 싸게 해줄 수 있나요?
　　　　백화점 직원에게 가격만 맞으면 당장 구매할 수 있다는 의사를 보여준다.

백화점 직원이 소비자들의 소비심리를 관찰하듯 소비자들도 백화점 직원의 심리를 파악하면서 잘 대응하는 것이 중요하다.

〈백화점에서의 판촉 활동〉

판촉	促销
판매	销售
촉진	促进
가격표	价签
본전	本钱
인센티브제	提成制
흥정	讲价

09

别拿我开心了。
나를 놀리지 마.

학습 목표

① 외국인이 이해하기 힘든 중국어 상용 표현 및 인터넷 용어 등을 익힌다.

② 상대방의 의견에 동의할 때 쓰는 표현을 배운다.

기본 표현

① 同学们都大声地笑了起来，我才知道自己答错了。

② 别拿我开心了。真不够朋友。

③ 除了相貌，其他的也可以不说真话。

④ 说的是，不过肯定没有在网上吹的那么厉害。

开心 kāixīn 통 (남을) 놀리다, 희롱하다

闷闷不乐 mènmèn búlè 성 마음이 답답하고 울적하다, 몹시 우울해하다

见异思迁 jiànyì sīqiān 성 색다른 것을 보고 마음이 바뀌다, 변덕이 심하다

异性 yìxìng 명 이성

创意 chuàngyì 명 독창적인 견해, 창조적인 의견

惨 cǎn 형 비참하다, 참담하다

网友 wǎngyǒu 명 인터넷 친구[인터넷을 통해 교류하는 친구]

谈得来 tán de lái 통 말이 서로 통하다

恐龙 kǒnglóng 명 공룡

青蛙 qīngwā 명 청개구리

俊男美女 jùnnán měinǚ 잘생긴 남자와 아름다운 여자

丑 chǒu 형 추하다, 못생기다

相貌 xiàngmào 명 용모, 생김새

真话 zhēnhuà 명 진실, 사실

肯定 kěndìng 부 확실히, 틀림없이

1 용어의 잘못된 이해

09-02

张林　民秀，你今天怎么闷闷不乐啊?

朴民秀　别提了❶，今天老师问我"见异思迁"的意思。

> ❶ 提는 '언급하다'의 의미로, 别提了는
> '말도 마라'는 뜻을 나타낸다.

张林　那你是怎么回答的?

朴民秀　我说"见到漂亮的异性就想搬过去住。"可是同
　　　　学们都大声地笑了起来，我才知道自己答错了。

张林　错是错了，不过很有创意嘛!

朴民秀　别拿我开心了❷。真不够朋友。

> ❷ 이 문장은 습관적 용어로 '나를 놀리지 마라'의 의미이다.
> 여기서 开心은 '남을 놀리다'는 뜻이다.

> 问一下
>
> 民秀为什么闷闷不乐?

② 인터넷 용어 알기 ▶ 09-03

朴民秀　　我最近交了一个网友，我觉得我们很谈得来。

张林　　　在网上"恐龙、青蛙"都成了俊男美女，我可不相信。

朴民秀　　什么？"恐龙、青蛙"也会上网？

张林　　　在网上人们把丑女叫做"恐龙"，把丑男叫做"青蛙"。

朴民秀　　哦，是吗？不过在现实生活中，除了相貌，其他的也可以不说真话。

张林　　　说的是，不过肯定没有在网上吹❸的那么厉害。

> ❸ 여기서 吹는 '허풍을 떨다, 큰소리를 치다'는 뜻으로, 吹牛, 吹牛皮와 같은 의미이다.

问一下
　张林为什么觉得网上没有真话？

③ 용어의 정확한 의미 배우기　　▶ 09-04

　　在学习汉语的时候，有一些外国人理解起来很困难的部分，弄不好就会出笑话。比方说，民秀就把成语"见异思迁"理解成了"见到漂亮的异性就想搬过去住"。另外，他把网络用语"恐龙"和"青蛙"理解成真正的动物了。后来才弄清楚"恐龙"指的是丑女，"青蛙"指的是丑男。

问一下

网络用语中的"恐龙"和"青蛙"指的是什么？

어법

1 才

시간이 늦음, 시간이 김, 나이가 많음, 수량이 많음 등의 의미를 나타낸다. 수량이 많음을 나타내는 경우 才는 해당 수량사의 뒤에 와야 한다.

到十点了, 他才上班。(시간이 늦음)　　　我等了半天, 她才来。(시간이 김)

他五十多岁才结婚。(나이가 많음)　　　我找了他好几次才找到。(수량이 많음)

시간이 이름, 시간이 짧음, 수량이 적음 등의 의미를 나타낸다. 수량이 적음을 나타내는 경우 才는 해당 수량사의 앞에 와야 한다.

她今天提前下课, 到家才七点钟。(시간이 이름)

小王看完这本小说才用了半天时间。(시간이 짧음)

그 외에 새로운 상황의 출현을 나타낸다.

同学们都大声地笑了起来, 我才知道自己答错了。

后来我才知道他去英国留过学。

때로는 강조를 나타내는데, 이때 문미에는 주로 呢가 함께 온다.

没问题才怪呢。　　　　　　　这才是我要找的答案呢。

확인문제

❶ 서로 관련된 문장끼리 연결해 보세요.

① 找了他好几次 ·　　　　　　· 她才回家

② 跑了三个书店 ·　　　　　　· 他才同意

③ 半夜三点了 ·　　　　　　· 我才买到汉英词典

확인문제

❷ 다음 주어진 두 단문을 才를 이용하여 한 문장으로 만들어 보세요.

① 他二十六岁。/ 他考上大学。   → _____

② 他说了好几个小时。/ 我明白他的来意。   → _____

③ 妈妈来了。/ 孩子不哭。   → _____

2 부사 够 2

부사 够는 동사나 명사 앞에 오기도 한다. 명사 앞에 够가 올 경우에는, 어떤 기준을 만족시킴을 나타낸다.

这次帮了我这么大的忙，你真够朋友。

这酒还真够劲儿，喝一杯就醉了。

A: 这些商品够数吗?   B: 不够数，好像少了一个。

동사 앞에 够가 올 경우에는, 어떤 행동을 하는데 충분함을 나타낸다.

一个汉堡够吃吗?

这么多书，够我看一阵子了。

A: 这些药够用吗?   B: 不够用的话，我再准备一些。

그러나 어떤 동사 앞에서는 일정한 한도를 넘어서 견딜 수 없음을 나타낸다.

这种又闷又热的天气，还真够受的。

看他得意的样子，真够瞧的。

❶ 다음 한국어 문장을 참고하여 중국어로 작문해 보세요.

① 그는 요즘 무척 바쁘다.

 ➡ _____

② 너는 언제나 나를 도와 주니, 진정한 친구구나.

 ➡ _____

③ 한 번에 이렇게 많은 펜을 샀다니, 한 학기는 충분히 쓰겠다.

 ➡ _____

❷ 다음 주어진 단어를 배열하여 문장을 완성하세요.

① 四个国家的 / 你 / 语言 / 会说 / 真 / 的 / 够厉害

 너는 4개 국어를 할 줄 아니, 정말 대단하다.

 ➡ _____

② 两 / 不 / 够数 / 少了 / 个   두 개가 적어서, 수량이 충분하지 않다.

 ➡ _____

③ 面包 / 有 / 够吃 / 不 / 一个 / 只   빵이 단지 한 개라니, 먹기에 충분하지 않다.

 ➡ _____

③ 说的是

说的是는 대화의 문두에 위치하여 상대방의 의견에 동의함을 나타낸다. 뒤 절에는 주로 可是, 不过, 但是 등의 전환관계를 나타내는 접속사가 와서 화자가 표현하고자 하는 본래의 의미를 나타낸다.

A: 在现实生活中，除了相貌，其他的也可以不说真话。

B: 说的是，不过肯定没有在网上吹的那么厉害。

때로는 앞에 나온 대화에 대한 동의나, 동의하는 이유를 보충 설명하기도 한다.

A: 我觉得小王这个人最适合当学生会主席。

B: 说的是，我也是这么想的。

확인문제

❶ 다음 한국어 문장을 참고하여 중국어로 작문해 보세요.

① 맞는 말인데, 다른 사람도 이렇게 생각하고 있는지는 모르겠다.

➡ _____

② 네 말이 맞아. 이 일은 마땅히 이렇게 처리해야 해.

➡ _____

③ 맞는 말인데, 그런데 나는 아직도 믿기 힘들어.

➡ _____

❷ 다음 문장에서 틀린 부분을 찾아 바르게 고치세요.

① 我也是这么想的, 说的是。 ➡ _____

② 说的话是, 可做起来真难啊。 ➡ _____

③ 说的是, 不过这才是最好的解决办法。 ➡ _____

▶ 09-05

1 同学们都大声地笑了起来，我才知道自己答错了。

开学了 　　　　　　　　　后悔没有好好利用假期
生病了 　　　　　　　　　知道自己缺乏运动
肚子咕咕响起来了 　　　　知道自己忘了吃饭

응용 연습

A 开学了，我才后悔没有好好利用假期。
B 我也是，这就是我们学习没有小马好的原因。

2 别拿我开玩笑了，真不够朋友。

再补充一点儿 　　　还 　　　详细
再好好数一数 　　　好像 　　数
再准备些钱吧 　　　可能 　　用

응용 연습

A 我第一次出国，不知道这些钱够不够用？
B 再准备些钱吧，可能不够用。

3 A：为了健康要好好吃。
B：说的是，不过我要减肥。

现在我不想吃
这些菜我不喜欢
我吃饱了

응용 연습

A 为了健康要好好吃。
B 说的是，不过现在我不想吃。

1 녹음을 듣고 주어진 문장과 일치하면 √를, 일치하지 않으면 ×를 표시하세요. ▶ 09-06

① 这酒不够劲儿。

② 肚子响了，我才知道自己忘了吃饭。

③ 这个事情应该这么办。

④ 他现在五十岁了。

2 녹음을 듣고 질문에 알맞은 대답을 고르세요.

▶ 09-07

① A 不太好   B 很好   C 不认识

② A 新闻   B 没有   C 球赛

③ A 正好   B 早   C 不早

④ A 少了一个   B 够数   C 少了两个

3 다음 빈칸에 들어갈 알맞은 단어를 고르세요.

보기

A 够   B 不过   C 才   D 说的是

① 别拿我开心了。真不 _____ 朋友。

② 出门了，_____ 想起忘带雨伞了。

③ 错是错了，_____ 很有创意嘛!

④ _____ ，不过肯定没有在网上吹的那么厉害。

4 다음 주어진 세 문장을 알맞은 순서로 나열하세요.

① A : 今天老师问我"见异思迁"的意思

　　B : 可是同学们都大声地笑了起来，我才知道自己答错了

　　C : 我说"见到漂亮的异性就想搬过去住。"

　　　　　　　　　　　　　　　　　　　　　　정답 : _____

② A : 他觉得他们很谈得来

　　B : 民秀最近交了一个网友

　　C : 不过张林不相信　　　　　　　　정답 : _____

5 다음 질문에 알맞은 답을 고르세요.

① 今天老师问民秀"见异思迁"的意思。民秀回答说："见到漂亮的异性就想搬过去住。"张林觉得那个回答错是错了，不过很有创意。

　　★ 张林觉得民秀的回答怎么样？

　　　 A 正确　　　　　　　 B 很有创意　　　　　　 C 一点儿都没错

② 民秀回答的时候，同学们都大声地笑了起来。他才知道自己答错了，所以他够惨的了。

　　★ 民秀说的意思是什么？

　　　 A 同学们不应该笑　　 B 后来才知道自己答错了　　 C 同学们的笑声太大了

② 在现实生活中，除了相貌，其他的也可以不说真话。

　　★ 什么可以不说真话？

　　　 A 性别　　　　　　　 B 学校　　　　　　　 C 相貌

6 본문 회화를 참고하여 친구와 자신의 일에 대해서 대화를 해보세요.

① 汉语考试 / 伤心

② 摔倒 / 痛

③ 买衣服 / 后悔

④ 吃得过多 / 拉肚子

参考对话

A：同学们都大声地笑了起来，我才知道自己答错了。

B：错是错了，不过很有创意嘛！

A：**别拿我开心了。真不够朋友。**

B：**好好，遵命！**

인터넷 용어

인터넷 용어란 인터넷상에서 사용하는 언어로, 표준어에서는 원래 다른 의미로 쓰이고 있는 어휘들이다. 따라서 뜻을 모르면 소통이 어려울 정도이다. 현재 인터넷 유행어 사전을 편찬하는 작업을 지속적으로 진행하고 있지만, 인터넷 용어의 '범람'이 언어를 파괴한다는 비판적인 시각도 있다. 다음 대화를 통해 어떤 인터넷 용어가 있는지 알아보도록 하자.

Ⓐ 你明天晚上有时间吗？我想请你看TFBOYS的演唱会。
너 내일 저녁에 시간 있어? TFBOYS 콘서트 쏠게.

Ⓑ 太阳从西边出来了。你这个白萝卜还花钱看演唱会？
你够高的!
해가 서쪽에서 뜨겠다. 너 같은 흰 무(지극히 평범한 사람)가 콘서트 보는데 돈을 써? 너 정말 높아졌구나(세련되어졌구나)!

Ⓐ 跟你说实话，我是TFBOYS的粉丝。
솔직히 말하면, 나는 TFBOYS의 당면(팬)이야.

Ⓑ 中国那么多歌星，你怎么喜欢他们？
중국에 가수가 그렇게 많은데, 너는 왜 그들을 좋아하니?

Ⓐ 你这话什么意思？当个追星族还得需要特别的理由吗？
무슨 뜻이니? 별을 쫓는 족(열성팬)이 되려면 특별한 이유라도 있어야 된다는 거야?

Ⓑ 那倒不是，我只是觉得他们的星味儿不够。
꼭 그런 건 아니지만, 나는 단지 그들이 비린 내(스타성, 腥味儿을 모방한 용어)가 부족하다는 생각이 들어.

중국의 대표 인터넷 검색 사이트

百度　www.baidu.com
搜狐　www.sohu.com ⎤ 중국 최대의 검색 사이트
新浪网　www.sina.com.cn ⎦

谷歌　www.google.cn　중문판 구글 사이트
雅虎　cn.yahoo.com　중문판 야후 사이트
土豆网　so.tudou.com　중국 동영상 사이트

10

你的梦想是什么?

네 꿈은 뭐니?

**학습
목표**

❶ 장래 희망을 묻고 대답하며, 이유를 말하는 설명 방식에 관한 대화를 익힌다.

❷ 선택관계 및 병렬을 나타내는 표현을 배운다.

**기본
표현**

❶ 当一名顶级厨师是我一直以来的梦想。

❷ 现在很多人说起自己的梦想，不是要当医生，就是要当律师
什么的。

❸ 那我下午一下课就去报名。

▶ 10-01

梦想 mèngxiǎng 명 꿈, 장래희망
동 갈망하다, 간절히 바라다

入迷 rùmí 동 (어떤 사물에) 빠지다, 홀리다

关于 guānyú 개 ~에 관해[내용이나 범위를 나타냄]

烹饪 pēngrèn 동 요리하다

难道 nándào 부 아무려면, 설마 ~하겠는가

当 dāng 동 ~가 되다, 담당하다

厨师 chúshī 명 요리사, 조리사

猜 cāi 동 추측하다

顶级 dǐngjí 형 최고급의, 최고 수준의

以来 yǐlái 명 이래, ~부터

律师 lǜshī 명 변호사

特别 tèbié 형 특별하다, 특이하다

津津有味 jīnjīn yǒuwèi 성 (음식이) 매우 맛있다, 흥미진진하다

幸福 xìngfú 형 행복하다

学院 xuéyuàn 명 학원, 단과 대학

报 bào 동 신청하다, 등록하다

培训班 péixùnbān 명 양성반

行动 xíngdòng 동 행동하다, 움직이다

进一步 jìnyíbù 부 나아가다, 진일보하다

丰富 fēngfù 형 풍부하다, 풍족하게 하다

大厨 dà chú (직위가 비교적 높은) 요리사, 주방장

顾客 gùkè 명 손님, 고객

요리사의 꿈 ▶ 10-02

张林　你在看什么书啊？看得那么入迷。

朴民秀　我在看关于①烹饪方面的书呢。

> ① '关于'는, 내용이나 범위를 나타내며, '~에 관한'이라는 의미를 지닌다.

张林　烹饪？难道你以后想当厨师？

朴民秀　你猜对了，当一名顶级厨师是我一直以来的梦想。

张林　现在很多人说起自己的梦想，不是要当医生，就是要当律师什么的，你还真是特别啊！

朴民秀　看到别人津津有味地吃我做的饭菜，多幸福啊②!

> ② '多……啊! '는 감탄을 나타내며, '얼마나 ~한가!'의 의미를 지닌다.

问一下

民秀一直以来的梦想是什么？

② 장래희망을 위한 실천 ▶ 10-03

朴民秀　听说学校附近开了一家烹饪学院，我想去报一个周末培训班。

张林　我真没想到你马上就行动起来了。

> ❸ '마음이 움직이는 건 몸이 움직이는 것만 못하다'라는 뜻으로, 행동으로 실천하는 것이 더 중요하다는 의미이다.

朴民秀　心动不如行动❸嘛。我以前也有过这种想法。

张林　挺好的，这一方面可以让你离理想更进一步，一方面也丰富了你的课余生活。

朴民秀　那我下午一下课就去报名。

张林　等你当了大厨，我要做你的第一个顾客！

问一下

民秀准备周末干什么?

③ 꿈을 이루기 위한 노력 ▶ 10-04

民秀一直以来的梦想是当一名厨师，所以他经常看烹饪方面的书。他认为看到别人津津有味地吃自己做的饭菜很幸福。不久后，民秀准备报名参加烹饪学院的周末培训班。张林认为这是一个很好的想法，一方面可以离理想更进一步，一方面也可以丰富课余生活。

问一下

张林觉得民秀的想法怎么样？

1 不是······就是······

'~이 아니면 ~이다'의 의미로, 앞 부분과 뒤 부분은 서로 선택 관계를 표시한다. 둘 중 하나를 반드시 선택하거나, 둘 중 하나는 반드시 해당함을 나타낸다.

每年一到梅雨季节，不是刮风就是下雨。

爸爸烧的菜不是太咸就是太淡，没有妈妈烧的好吃。

A: 你周末都在家里干什么?　　　　　B: 不是看书就是踢球。

확인문제

❶ 문맥에 맞게 다음 문장을 완성하세요.

① 最近人们想找到适合自己的工作太难了，_____。
   요즘 사람들은 자신에게 적합한 일을 찾기가 매우 어려운데, 전공과 맞지 않거나, 월급이 너무 낮다.

② 最近天气不好，_____。
   요즘 날씨가 안 좋은데, 비가 내리지 않으면 바람이 분다.

③ 他每天都很认真地学习，_____。
   그는 매일 열심히 공부하는데, 책을 보지 않으면 신문을 본다.

❷ 다음 문장을 '不是······就是······'를 이용하여 새로운 문장으로 바꿔보세요.

① 他喜欢做运动, 每周末都打篮球或者踢足球。

   → _____

② 小明很懒, 一放假就在家里睡觉, 打游戏。

   → _____

③ 一般这个时候, 爷爷会去公园里散步或者打太极拳。

   → _____

② 존현문

존현문이란 사람이나 사물이 어느 한 곳에 존재하거나 출현 혹은 사라졌음을 나타내는 문장을 말한다.

장소	동사	명사
客厅的茶几上	放着	一块表
거실의 탁상 위	놓여져 있다	시계 하나

어떤 장소에 사람이나 사물이 존재함을 나타낸다.

墙上挂着一幅画。　　　　　　　　桌子上放着一本书。

어떤 장소에 사람이나 사물이 나타나거나 사라짐을 나타낸다.

学校来了几名新老师。　　　　　　冰箱里少了几个苹果。

확인문제

❶ 다음 문장을 존현문으로 바꿔보세요.

① 一支铅笔放在桌子上。　　→　_____

② 两个新同学到我们班来了。　→　_____

③ 一个外国人从前面走来。　　→　_____

❷ 다음 한국어 문장을 참고하여 중국어로 작문해 보세요.

① 식탁 위에 몇 가지 음식이 차려져 있다.

→　_____

② 앞쪽에 많은 사람이 둘러싸고 있다.

→　_____

③ 빌딩 안에 갑자기 화재가 발생하였다.

→　_____

3 一方面……一方面……

병렬 관계를 표시하는 구문으로, 일반적으로 동시에 존재하는 두 가지 상황이나 상태를 나타낸다.

想学好外语, 一方面要多说话, 一方面要多听。

周末回趟老家吧, 一方面见见亲戚, 一方面可以散散心。

A: 你放假准备干什么啊?

B: 一方面好好放松一下, 一方面预习预习下学期的内容。

확인문제

다음 주어진 문장의 밑줄에 들어갈 내용을 보기에서 고르세요.

> **보기**
>
> A 环境比较好　　　B 书的种类很多　　　C 要有恒心
>
> D 可以早点工作　　　E 可以为家里省钱　　　F 要勤于练习

① 她不想继续读研究生了, 一方面＿＿＿＿＿＿, 一方面＿＿＿＿＿＿。

② 王明喜欢在图书馆看书, 一方面＿＿＿＿＿＿, 一方面＿＿＿＿＿＿。

③ 要想学好外语, 一方面＿＿＿＿＿＿, 一方面＿＿＿＿＿＿。

4 等……（的时候）

'~때까지 기다리다 ~하다'의 뜻으로, 장래에 어떤 일이나 상황이 이루어진 후에 뒤 절에서 곧바로 다른 행동이나 상황이 이어질 것임을 나타낸다. 뒤 절에는 보통 要나 就가 온다.

等你当了大厨，我要做你的第一个顾客！

等我大学毕业了，我就去中国留学。

A: 你为什么让我春天去洛阳啊？

B: 等你去了，就知道了。

확인문제

❶ 주어진 단어를 배열하여 문장을 완성하세요.

① 放假 / 去旅行 / 她 / 的时候 / 等到 / 要　　그녀는 방학까지 기다렸다가, 여행을 갈 것이다.

→ _____

② 她 / 等 / 电视 / 作业 / 要看 / 做完　　숙제를 다 하면, 그녀는 텔레비전을 볼 것이다.

→ _____

③ 大学 / 研究生 / 我 / 就 / 读 / 毕业 / 等　　나는 대학을 졸업하면, 대학원에 갈 것이다.

→ _____

❷ 문맥에 맞게 다음 문장을 완성하세요.

① _____，我要去看电影。　　주말이 되기만을 기다렸다가, 나는 영화를 보러 갈 것이다.

② _____，大家就忙着走亲访友。

　　매년 춘절(설)이 되면, 다들 친지나 친구의 집을 방문하느라 바쁘다.

③ _____，他要去国外旅行。　　시험이 끝나기를 기다렸다가, 그는 해외로 여행을 갈 것이다.

▶ 10-05

1 王明每天上班，不是骑车就是步行。

很粗心	忘带书	忘带笔
很认真	看书	写作业
放假的时候	旅行	打工

응용 연습

A 你知道王明怎么上班吗？

B 王明每天上班，不是骑车就是步行。

2 我喜欢看书，一方面可以增长知识，一方面可以消磨时间。

游泳	锻炼身体	丰富生活
旅行	欣赏风景	交新朋友
晨读	巩固知识	呼吸新鲜空气

응용 연습

A 你为什么喜欢去旅行？

B 因为一方面可以欣赏风景，一方面可以交新朋友。

3 等我考完试，就去国外旅行。

吃完饭	给你打电话
放暑假	报新HSK六级补习班
毕业	想自己赚钱买车

응용 연습

A 考试快要结束了！考完后，你打算做什么？

B 等我考完试，就去国外旅行。

1 녹음을 듣고 주어진 문장과 일치하면 √를, 일치하지 않으면 ×를 표시하세요. ▶ 10-06

① 桌上放着一幅画。

② 这件事一定是小李干的。

③ 我还没吃晚饭。

④ 想学好外语，要多说话。

2 녹음을 듣고 질문에 알맞은 대답을 고르세요.

▶ 10-07

① A 提高修养　　　B 完成作业　　　C 增长知识

② A 学习　　　　　B 睡觉　　　　　C 看电视

③ A 椅子上　　　　B 地上　　　　　C 床上

④ A 看电影　　　　B 好好放松　　　C 预习下学期的内容

3 다음 빈칸에 들어갈 알맞은 단어를 고르세요.

보기

　　A 等……就……　　　　　　B 一方面……一方面……

　　C 不是……就是……　　　　D 开了

① 听说学校附近 _____ 一家烹饪学院。

② 他每次遇到问题 _____ 逃避， _____ 求别人帮忙。

③ 看了这本书， _____ 可以解答你的问题， _____ 可以让你了解新的内容。

④ _____ 做完作业， _____ 帮妈妈做家务。

4 다음 주어진 세 문장을 알맞은 순서로 나열하세요.

① A : 学校附近开了一个烹饪学院

    B : 想去报一个周末培训班

    C : 民秀听说了这件事   정답 : _____

② A : 就是要当律师什么的

    B : 很多人说起自己的梦想

    C : 不是要当医生   정답 : _____

5 다음 질문에 알맞은 답을 고르세요.

① 民秀说自己最大的理想就是当一名厨师。张林觉得民秀的理想很特别，因为很多人谈到自己的理想，不是想当医生，就是想当律师什么的。

    ★ 民秀的理想是什么？

      A 医生   B 厨师   C 律师

② 学校附近开了一家烹饪学院，张林觉得这和民秀的理想很接近，同时也能丰富课余生活，于是鼓励民秀去报班，民秀很高兴地答应了。

    ★ 张林赞成民秀去报班学习吗？

      A 赞成   B 不赞成   C 不清楚

③ 民秀选择去学校附近烹饪学院的周末培训班学习，并且决定下午一下课就去报名。

    ★ 民秀选择了什么班学习烹饪？

      A 下午班   B 周末班   C 上午班

6 본문 회화를 참고하여 자신의 친구와 장래희망에 대해서 대화를 해보세요.

① 拍照 / 摄影师

② 考研 / 老师

③ 油画 / 画家

④ 法律 / 律师

참고대화

A: 你在看什么书啊？看得那么入迷。

B: 我在看关于烹饪方面的书呢。

A: 烹饪？难道你以后想当厨师？

B: 你猜对了，当一名厨师是我一直以来的梦想。

중국의 다양한 요리

중국은 영토가 넓어 지역적으로 풍토, 기후, 산물, 풍속, 습관이 다른 만큼, 지방색이 두드러진 요리를 각각 특징 있는 독특한 맛을 내는 요리로 발전시켰다. 이처럼 독특한 개성을 지니며 발전해 온 각 지방의 요리는 잦은 민족의 이동과 더불어 상호 교류·보완되어 오늘날의 중국요리를 만들어낸 것이다.

중국요리는 지역적인 특징에 따라 北京料理(베이징요리)·南京料理(난징요리)·上海料理(상하이요리)·广东料理(광둥요리)·四川料理(쓰촨요리)로 크게 나눈다.

중국요리는 재료의 선택이 매우 자유롭고 광범위한데, 일반 식료품 모두를 재료로 이용하고 있을 뿐 아니라 燕窝(제비집), 鱼翅(상어지느러미) 같은 특수 식료품도 일품 요리의 재료로 이용하고 있을 정도이다. 조리법 또한 다양한데, 조리법에 관한 용어로는 炒(볶다), 炸(튀기다), 煎(부치다), 焖(뜸을 들이다), 烤(굽다), 炖(삶다), 煨(고다), 熏(훈제하다), 蒸(찌다) 등이 있고, 이러한 다양한 조리법으로 다양한 재료를 써서 원하는 요리로 만들어낸다.

〈탕추리지(糖醋里脊)〉

〈마포떠우푸(麻婆豆腐)〉

〈훠궈(火锅)〉

풍토	风土
풍속	风俗
지방색	地方色彩
조리법	烹调法

新年快乐!

새해 복 많이 받아!

▶ 11-01

精神 jīngshen 명 기운, 정신

按照 ànzhào 깨 ~에 의해, ~에 따라

难求 nánqiú 형 구하기 어렵다

放鞭炮 fàng biānpào 폭죽을 터뜨리다

庙会 miàohuì 명 묘회[제삿날이나 정한 날에 절 안이나 절 입구에 개설되던 임시 시장]

张灯结彩 zhāngdēng jiécǎi 성 등롱을 달고 비단띠를 매다[경사스러운 날을 형용하는 말]

静悄悄 jìngqiāoqiāo 형 아주 고요하다, 조용하다

供奉 gòngfèng 동 (제물을) 바치다, 공양하다

祖先 zǔxiān 명 선조, 조상

祭祀 jìsì 동 (신이나 조상에) 제사를 지내다

团聚 tuánjù 동 한 자리에 모이다

邀请 yāoqǐng 동 초대하다

稀客 xīkè 명 귀한 손님

招待 zhāodài 동 (손님이나 고객을) 대접하다

千万 qiānwàn 부 부디, 절대로

外人 wàirén 명 외부 사람, 외부인

包饺子 bāo jiǎozi 만두를 빚다

许多 xǔduō 형 매우 많은

年夜饭 niányèfàn 명 제야[음력 12월 31일에 먹는 음식]

❶ 설날 전후 표 구하기 ▶11-02

张林　民秀，你今天怎么了，这么没精神?

朴民秀　我本来想趁春节回一趟国，结果❶什么票都紧张得很。

> ❶ 어떤 사건의 결과나 결말을 이끌어낼 때 쓰이며, '그랬더니 ~하다, 결국은 ~하다'의 의미를 지닌다.

张林　按照习俗，中国人春节非回家过年不可，自然一票难求。

朴民秀　在中国过年也不错。去年春节时，我和朋友一起放鞭炮，逛庙会，城里到处张灯结彩，非常热闹。

张林　那为什么韩国的春节总是静悄悄的，那么安静?

朴民秀　韩国人在春节时有供奉祖先的祭祀风俗，所以人们都在家里团聚、聊天儿。

 问一下

为什么春节期间什么票都很难买?

2 친구 집에서 함께 설 보내기 11-03

朴民秀   新年快乐！谢谢你的邀请，我来给你添麻烦了。

张林   哪儿的话！你可是稀客，就是❷家里没什么好菜招
待你。

> ❷ 부사로, '다만, 단지'의 의미를 지닌다.

朴民秀   你可千万别拿我当外人，有饺子吃就行。
其实我一到中国，就想学包饺子呢。

张林   你这么爱吃饺子啊，我教你包饺子怎么样？

朴民秀   这包饺子看起来容易，做起来还挺难的吧？

张林   是啊，别说是你了，就是许多中国人都不一定会包呢。

问一下

包饺子怎么样？

설날에 함께 만두 빚기 ▶ 11-04

　　按照中国的传统习俗，春节时，中国人都要回家过年，和家人团聚，一起放鞭炮吃年夜饭。所以，这时，什么票都非常难买。民秀本来也打算回国过春节，可因为买不到机票，所以被邀请到张林家做客，一起过年。民秀从来到中国起，就非常喜欢吃饺子。春节那天，他终于有机会向张林学习包饺子了。

问一下

　　民秀为什么学习包饺子?

1 非……不可

非……不可는 이중부정 형식으로, '~하지 않으면 안 된다, 반드시 ~해야 한다'의 의미를 지닌다. 틀림없이 어떤 일이 벌어질 것임을 나타내거나 반드시 어떤 일을 하고야 말겠다는 강렬한 바람을 나타내기도 한다.

吃了不干净的东西，非拉肚子不可。

A: 听说四川菜都挺辣的呢！

B: 对啊，要想做好吃的四川菜，非放辣椒不可。

확인문제

❶ 다음 문장을 '非……不可'를 이용하여 바꿔보세요.

① 他这么努力准备考试，这次一定能得到高分。

　→ _____

② 明天如果下雨，我们的旅行计划必定会取消的。

　→ _____

③ 这么冷的天吃冰淇淋，肚子会疼的。

　→ _____

❷ 문맥에 맞게 다음 문장을 완성하세요.

① 弟弟生病了，_____。　동생이 아파서, 나는 반드시 집에 돌아가야 한다.

② 你已经连续几天没交作业了，_____。

　너는 며칠째 숙제를 내지 않고 있으니, 선생님은 화를 내지 않을 수 없다.

③ _____，我们怎么劝她都不听。

　그녀는 반드시 이 곳을 떠나겠다고 말하고, 우리가 아무리 설득해도 그녀는 듣지 않는다.

2 형용사 중첩 2

静悄悄 같이 ABB로 중첩되는 형용사 중첩형식은 정도부사를 사용하여 수식할 수 없다. 또한 이와 같은 형용사 중첩형식은 그 뒤에 항상 的가 오는데, 한정어로 쓰일 경우에는 더욱 그러하다.

他的房间好像从来不打扫, 总是脏兮兮的。

她的性格很开朗, 每天都笑嘻嘻的。

A: 你看起来很累, 昨天熬夜学习了吧?

B: 可不, 今天身上软绵绵的, 一点儿力气都没有。

확인문제

❶ 다음 문장에서 틀린 부분을 찾아 바르게 고치세요.

① 天气看起来非常阴沉沉的。　　　　→ _____

② 这片田地绿油油。　　　　　　　　→ _____

③ 运动完后, 妹妹的脸很红彤彤的。　→ _____

❷ 다음 주어진 문장의 밑줄에 들어갈 내용을 보기에서 고르세요.

> 보기
>
> A 脏乎乎　　　　B 可怜巴巴　　　　C 水淋淋

① 下过雨的地面总是_____的。

② 他的手_____的, 好像刚打扫了卫生。

③ 他的样子_____的, 真让人心疼。

拿⋯⋯当⋯⋯

전치사 拿는 把 혹은 对와 같은 의미로 쓰인다. 뒤에는 주로 当, 没办法 등과 같은 어구들이 오고, '～을(를), ～을(를) 가지고'의 의미를 지닌다.

他拿这些书当宝贝一样爱惜。

虽然我们刚认识, 但我拿他当亲兄弟一样看待。

A: 我常常告诉他不能迟到, 可他一点儿也听不进去。

B: 是啊, 真拿他没办法。

확인문제

❶ 다음 주어진 단어를 배열하여 문장을 완성하세요.

① 回事 / 拿 / 完全 / 自己的 / 错误 / 他 / 不 / 当
   그는 자신의 잘못을 전혀 대수롭지 않게 여긴다.
   ➡ ＿＿＿＿＿＿＿＿＿＿＿＿＿＿＿＿＿＿＿＿＿

② 他们 / 我 / 总是 / 拿 / 开心 / 喜欢　　그들은 늘 나를 가지고 놀리기 좋아한다.
   ➡ ＿＿＿＿＿＿＿＿＿＿＿＿＿＿＿＿＿＿＿＿＿

③ 我 / 拿 / 他 / 真 / 没 / 办法　　나는 정말이지 그를 어찌할 수 없다.
   ➡ ＿＿＿＿＿＿＿＿＿＿＿＿＿＿＿＿＿＿＿＿＿

❷ 다음 주어진 문장의 밑줄에 들어갈 내용을 보기에서 고르세요.

> **보기**
>
> A 拿零食当吃饭　　　B 拿他当宝贝　　　C 拿他开玩笑

① 他是家里唯一的儿子, 父母都＿＿＿＿＿＿＿。

② 妹妹平时不好好吃饭, 总是＿＿＿＿＿＿＿。

③ 他的性格很好, 朋友们都喜欢＿＿＿＿＿＿＿。

别说……都……

어떤 상황이나 상태가 한층 더 나아감을 나타낼 때 쓰이며, 우리말의 '~뿐만 아니라, ~말고도'의 의미를 지닌다. 뒤 절에서는 都, 也와 자주 호응한다.

这东西别说几千块钱, 就算几十块钱我都嫌贵。

别说穿棉袄了, 冬天在哈尔滨穿多少都不够多。

A: 听说小王的酒量很大, 能喝一瓶白酒!
B: 别说喝一瓶白酒, 喝五瓶他也不会醉。

확인문제

❶ 다음 문장을 '别说……都/也'를 이용하여 바꿔보세요.

① 这个问题不仅我做不出来, 老师也做不出来。

→ _____

② 在中国贫困地区的孩子们, 不仅上不了学, 甚至连饭也吃不上。

→ _____

③ 这件事, 不仅我做不了, 大家都做不了。

→ _____

❷ 서로 관련된 문장끼리 연결해 보세요.

① 别说考第一名　·　　　　　·　我连男朋友也没有

② 别说女人　　　·　　　　　·　第十名我都没想过

③ 别说结婚　　　·　　　　　·　很多男人也找不到工作

▶ 11-05

1

按照中国人的习俗，酒非 喝完不可。

快走吧   等会儿 迟到

快回家吧   妈妈   生气

别穿高跟鞋了   走路   摔跤

응용 연습

A 这双高跟鞋怎么样?

B 别穿高跟鞋了，走路非摔跤不可。

2

他拿这些书当宝贝。

钢琴   命根子

小狗   朋友

我   亲兄弟

응용 연습

A 你们看上去真亲啊!

B 是啊，他拿我当亲兄弟。

3

别说一餐饭，   一天不吃饭我都没问题。

织一双手套   织一件毛衣

写作文   写论文

捐五十块   捐五百块

응용 연습

A 你打算捐多少?

B 别说捐五十块，捐五百块我都没问题。

1 녹음을 듣고 주어진 문장과 일치하면 √를, 일치하지 않으면 ×를 표시하세요. ▶ 11-06

① 他是刘德华的歌迷。

② 他今天心情不太好。

③ 我们的关系特别好。

④ 我觉得这个东西很贵。

2 녹음을 듣고 질문에 알맞은 대답을 고르세요. ▶ 11-07

① A 很脏　　　　B 还可以　　　　C 很空
② A 准备出国　　B 准备找工作　　C 准备考试
③ A 一天　　　　B 一个星期　　　C 一个星期以上
④ A 不会喝酒　　B 很能喝酒　　　C 只能喝一瓶

3 다음 빈칸에 들어갈 알맞은 단어를 고르세요.

보기
　　　　A 拿……当　　B 非……不可　　C 别说……都　　D 静悄悄

① 这个孩子真可爱，_____ 是我，其他人也 _____ 非常喜欢她。
② 我有时 _____ 饭桌 _____ 学习桌用。
③ 我不让他去，可他 _____ 去 _____ 。
④ 那为什么韩国的春节总是 _____ 的，那么安静?

4 다음 주어진 세 문장을 알맞은 순서로 나열하세요.

① A : 不过，春节时，什么票都紧张得很

B : 民秀没买到飞机票

C : 民秀打算春节回国过年　　　　　　　정답 : ＿＿＿＿＿＿＿＿＿

② A : 民秀喜欢吃饺子，想学习包饺子

B : 民秀到张林家做客

C : 张林教民秀包饺子　　　　　　　　　정답 : ＿＿＿＿＿＿＿＿＿

5 다음 질문에 알맞은 답을 고르세요.

① 按照习俗中国人春节非回家过年不可。所以在春节期间，什么票都紧张得
很。

★ 为什么春节期间买不到票？

　A 时间紧张　　　　　　　B 太忙了　　　　　　　C 回家的人很多

② 中国人在春节时，喜欢和家人朋友一起放鞭炮，逛庙会，非常热闹。而韩国
人在春节时有供奉祖先的祭祀风俗，所以人们都在家里团聚、聊天儿，韩国
人看上去静悄悄的。

★ 韩国人过年时习惯做什么？

　A 放鞭炮　　　　　　　B 祭祀　　　　　　　　C 逛庙会

③ 春节时，民秀到张林家做客，一起过年。民秀想学习包饺子，所以张林教
他。张林说别说是他，就是很多中国人也不会包。

★ 谁教包饺子？

　A 张林　　　　　　　　B 民秀　　　　　　　　C 中国人

6 본문 회화를 참고하여 친구와 중국의 전통명절에 먹는 음식에 대해서 대화를 해보세요.

① 端午节 / 粽子

② 元宵节 / 汤圆

③ 除夕夜 / 年夜饭

④ 中秋节 / 月饼

참고대화

A: 中国的传统节日真多啊!

B: 对呀，而且在不同的节日里，还要吃不同的传统小吃。

A: 马上就是春节了，中国人都吃什么小吃?

B: 春节时，中国人要和家人团聚，一起吃饺子。

중국의 전통명절 '춘절'

춘절은 중국의 4대 명절 중 하나로 중추절과 함께 큰 명절에 속한다. 춘절을 지내는 것을 '새해를 맞다'라고 하는데 그 역사는 대략 3,000년 정도나 된다.

춘절을 맞이하기 위해 민간에서는 며칠 전부터 대청소를 하고 음식을 준비하며, '춘련, 연화' 등으로 집안을 장식하고, 커다란 '福' 자를 붙이는데, 이 때는 흩어졌던 온 가족이 한자리에 모인다. 춘절 하루 전날 저녁을 '섣달 그믐날'이라 부르는데, 이것은 오래된 것은 없애고 새것을 퍼뜨린다는 의미이다. 또한 한 해의 마지막 시간에 온 가족이 함께 모여 맛있는 음식을 먹고 이야기로 웃음꽃을 피우며 밤을 지새우는데, 이러한 풍습을 '섣달 그믐날 밤을 새우다'라고 한다.

섣달 그믐 밤 0시, 즉 '子時(자시)'가 되면 사람들은 미리 빚어 둔 쟈오쯔(교자)를 먹는데, 이는 '更岁交子(자시에 해가 바뀐다)'의 의미를 나타낸다. 또한 섣달 그믐 밤에는 폭죽을 터뜨리며 파티를 하는데, 이는 나쁜 기운을 몰아내고 한 해 동안 순조롭기를 위함이다.

중국 북쪽 사람들이 춘절에 교자를 먹는 것과 달리 남쪽 사람들은 일반적으로 떡을 즐겨 먹는데, 이는 떡의 발음이 '한 해 한 해 더 잘 되다'의 '年高 niángāo'와 발음이 똑같기 때문이다.

〈쟈오쯔 (교자)〉

〈연화〉

새해를 맞다	过年	쟈오쯔(교자)	饺子
춘련	春联	폭죽	爆竹
연화	年画	떡	年糕
섣달 그믐날	除夕		

12

复习 7~11 课

복습 7~11과

학습목표

❶ 7 ~ 11과에서 배운 필수 단어와 회화 표현을 확인하고 복습한다.

필수 단어

① 동사
▶ 12-01

打折 dǎ zhé 할인하다

搜索 sōusuǒ 검색하다

促销 cùxiāo 판촉하다

拿……开心 ná...kāixīn ~를 놀리다

入迷 rùmí 빠지다

猜 cāi 추측하다

团聚 tuánjù 한 자리에 모이다

招待 zhāodài 대접하다

跟随 gēnsuí 따르다

输入 shūrù 입력하다

显得 xiǎnde ~해 보이다

谈得来 tándelái 말이 서로 통하다

烹饪 pēngrèn 요리하다

报 bào 등록하다

邀请 yāoqǐng 초대하다

② 형용사 & 부사
▶ 12-02

一律 yílù 모두

热乎乎 rèhūhū 따끈따끈하다

过时 guòshí 유행이 지나다

活泼 huópo 발랄하다

惨 cǎn 비참하다

肯定 kěndìng 틀림없이

顶级 dǐngjí 최고 수준의

丰富 fēngfù 풍부하다

静悄悄 jìngqiāoqiāo 고요하다

许多 xǔduō 매우 많은

熟悉 shúxī 익숙하다

香喷喷 xiāngpēnpēn 향긋하다

土 tǔ 촌스럽다

大方 dàfang 세련되다

丑 chǒu 못생기다

难道 nándào 설마 ~하겠는가

进一步 jìnyíbù 나아가다

难求 nánqiú 구하기 어렵다

③ 명사

▶ 12-03

功夫 gōngfu 솜씨

中国通 Zhōngguótōng 중국통

影响力 yǐngxiǎnglì 영향력

资料 zīliào 자료

早市 zǎoshì 새벽 시장

日用品 rìyòngpǐn 일용품

百货商场 bǎihuò shāngchǎng 백화점

大衣 dàyī 코트

款式 kuǎnshì 스타일

异性 yìxìng 이성

相貌 xiàngmào 생김새

厨师 chúshī 요리사

学院 xuéyuàn 학원

祖先 zǔxiān 조상

票价 piàojià 표 값

师父 shīfu 스승, 사부, 선생님

巨星 jùxīng 대스타

网站 wǎngzhàn 웹사이트

蔬菜 shūcài 채소

早点 zǎodiǎn 아침식사

性价比 xìngjiàbǐ 가성비

气质 qìzhì 기품

朝气 zhāoqì 생기

网友 wǎngyǒu 인터넷 친구

梦想 mèngxiǎng 꿈

律师 lǜshī 변호사

培训班 péixùnbān 양성반

稀客 xīkè 귀한 손님

1. 중국 영화 보기　　▶ 12-04

A 你喜欢看电影吗?

B 非常喜欢。尤其是中国的功夫电影。

A 那我们就去附近的电影院看《叶问》怎么样?

B 好啊，我早就想看这部电影。

2. 새벽 시장가기　　▶ 12-05

A 什么是"早市"? 早上的市场?

B 你说对了，只有早上才有的市场。

A 早市卖的东西都很新鲜吧?

B 是啊，早市还有现做现卖的早点，热乎乎、香喷喷的。

3. 잘못 이해한 용어에 대해 말하기　　▶ 12-06

A 你今天怎么闷闷不乐啊?

B 别提了，今天老师问我"见异思迁"的意思。

A 那你是怎么回答的?

B "见到漂亮的异性就想搬过去住"。

④ **요리사의 꿈** ▶ 12-07

Ⓐ 你在看什么书啊？看得那么入迷？

Ⓑ 我在看关于烹饪方面的书呢。

Ⓐ 烹饪？难道你以后想当厨师？

Ⓑ 你猜对了，当一名顶级厨师是我一直以来的梦想。

⑤ **친구 집에서 함께 설 보내기** ▶ 12-08

Ⓐ 新年快乐！谢谢你的邀请，我来给你添麻烦了。

Ⓑ 哪儿的话！你可是稀客。就是家里没什么好菜招待你。

Ⓐ 你可千万别拿我当外人，有饺子吃就行。

Ⓑ 你这么爱吃饺子啊，我教你包饺子怎么样？

단어 익히기

1 다음 빈칸에 알맞은 단어를 써서 퍼즐을 완성하세요.

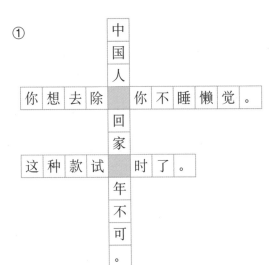

2 다음 중국어와 한국어의 뜻을 알맞게 연결하세요.

① 搜索 ●   ● 판촉하다

② 促销 ●   ● 빠지다

③ 入迷 ●   ● 검색하다

3 게임해 보세요.

게임방법
• 배운 단어를 적어 넣고 중국어로 말합니다. (필수 단어 참조)
• 불려진 단어를 하나씩 체크하여 먼저 세 줄을 연결하면 "빙고"를 외칩니다.

1 다음 주어진 그림과 제시어를 참고하여 대화를 만들어 보세요.

① 영화 감상평 말하기

제시어

跟随 / 叶问 / 咏春拳 /
功夫电影 / 熟悉

첫 문장

Ⓐ 原来叶问是李小龙的师父啊！

② 친구와 코트 사기

제시어

款式 / 活泼 / 看上去 /
朝气 / 适合

첫 문장

Ⓐ 这件大衣怎么样？

③ 인터넷 용어 알기

제시어

恐龙 / 青蛙 / 俊男美女 /
丑女 / 丑男

첫 문장

Ⓐ 我最近交了一个网友，
我觉得我们很谈得来。

④ 장래희망을 위해 실천하기

제시어

行动 / 心动不如行动 /
大厨 / 顾客

첫 문장

Ⓐ 我想去烹饪学院报一个
周末培训班。

⑤ 친구 집에서 함께 설 보내기

제시어

回国 / 紧张 / 难求 /
放鞭炮 / 张灯结彩

첫 문장

Ⓐ 你今天怎么了，这么没精神？

1 다음 문장을 읽고 우리말을 중국어로 바꾸어 보세요.

민수는 중국의 ① [무술영화] 를 매우 좋아하여, 장린과 영화 ② ≪ [엽문] ≫을

보러 갔는데, 영화는 정말 ③ [훌륭했다] .

다음날 야채를 사기 위해 민수는 장린과 ④ [새벽 시장] 에 가고,

장린은 새벽 시장에는 ⑤ [그 자리에서 직접 만들어 파는] 아침식사가 있는데,

⑥ [따끈따끈하고,] , ⑦ [향이 고소하다고] 한다.

⑧ [백화점] 에 들러, 민수는 자신이 고른 ⑨ [코트] 가 어떠냐고 묻고,

장린은 스타일이 ⑩ [유행이 지나고] 색깔도 ⑪ [촌스럽다고] 하여, 민수는 다른 옷을 산다.

⑫ [요리사] 가 꿈인 민수는, 수업이 끝나고 학교 근처 ⑬ [요리학원] 의

주말 ⑭ [양성반] 에 수강신청을 한다. 장린은 민수가 ⑮ [주방장] 이 되면

최초의 ⑯ [고객] 이 되겠다고 한다.

방학 동안, 민수는 장린의 집에 ⑰ [초대] 를 받아 함께

설을 보내게 되고, 장린은 민수에게 ⑱ [자오쯔] 만드는 법을 가르쳐 준다.

스마트 중국어

부록

STEP
4

최신
개정

· 정답 및 듣기 대본
· 본문 해석
· 단어 색인

01 逛上海外滩。

확인문제

p18

❶ ① 不然以后她再也不会帮你的
   ② 不然大学毕业了也很难找到工作
   ③ 不然下个学期就拿不到奖学金了
❷ ① 明天不能下雨，不然就开不了运动会。
   ② 快走吧，要不然就迟到了。
   ③ 我一定要尽全力跑，不然我们班就倒数第一
     了。

p19

❶ ① 我说什么也要把这些资料看完
   ② 我说什么也要学会游泳
   ③ 我说什么也要帮帮他
❷ ① 作为儿女说什么也要孝敬父母。
   ② 今天说什么也把明年的预算做出来。
   ③ 新的一年，老师，您说什么也要保重身体。

p20

❶ ① 你怎么说停就停啊
   ② 工作不是说找就找的
   ③ 说哭就哭了
❷ ① B   ② C   ③ A

p21

❶ ① 不管你去不去，都要告诉我。
   ② 不管是谁，也不同意你的观点。
   ③ 明天不管下不下雨，我们都要出差。
❷ ① 不管你听不听
   ② 不管用什么方法
   ③ 不管是夏天还是冬天

p22

❶ ① 早早 / 认认真真
   ② 清清楚楚
   ③ 舒舒服服
❷ ① 高高 / 长长 / 蓝蓝 / 甜甜
   ② 顺顺利利
   ③ 干干净净 / 漂漂亮亮

연습

p25

❶ ① ✓   ② ✕   ③ ✕   ④ ✓

| 녹음 | ① 他一定学习很努力，不然成绩不会
        这么好。
     ② 我觉得这家餐厅真不怎么样，下次
        说什么也不会再来了。
     ③ 我弟弟今年两岁了，小脸儿胖胖
        的，非常可爱。
     ④ 不管你吃还是他吃，我们也吃不了
        这么多菜。

❷ ① A   ② B   ③ C   ④ A

| 녹음 | ① 男：明天不管下不下雨，我们都得
        出差。
        女：是吗？太过分了！
        问：他们明天去出差吗？
     ② 女：你怎么还不睡觉？
        男：我说什么今天也得把这本书看
        完。
        问：男的做什么？
     ③ 男：他是一个很爱干净的人吧？
        女：是啊，他总是把房间打扫得干
        干净净的。
        问：他的房间怎么样？
     ④ 男：你给我们唱一首歌吧。
        女：好，说唱就唱，你们想听什么
        歌？
        问：女的要干什么？

❸ ① C   ② B   ③ A   ④ D

❹ ① B C A   ② A C B

❺ ① C   ② B   ③ A

02 午饭去哪儿吃?

확인문제

p34

❶ ① 考试已经结束了 / 别想那么多了
　② 明天就开始比赛了 / 放松一下吧
　③ 你这么喜欢 / 送给你吧
❷ ① 但既然你已经买了
　② 既然你以前是学音乐的
　③ 既然你对羽毛球感兴趣

p35

❶ ① 我觉得今年冬天挺冷的。
　② 她新交的朋友挺帅的。
　③ 我们学校的集体宿舍设施挺好的。
❷ ① 今天学校开运动会，天气挺好的。
　② 我在北京吃过炸酱面，挺好吃的。
　③ 妈妈给我买了新的手机，挺满意的。

p36

　① 跟女人比起来，男人的方向感更好一些。
　② 跟黑色相比，我觉得你更适合红色的衣服。
　③ 跟温暖的春天比起来，我更喜欢寒冷的冬天。

p37

　① 不比　　② 没有　　③ 没有

연습

p39

❶ ① ✓　　② ✗　　③ ✗　　④ ✓

| 녹음 | ① 我在百货商店买到了一件连衣裙。还算是挺让我满意的。
② 我发现，跟正常价相比，我买的东西是打七折的。
③ 这件衣服既然这么贵，我就不买了。
④ 跟你比起来，我的汉语水平还差得远呢。

❷ ① A　　② B　　③ C　　④ C

| 녹음 | ① 男：你看这件红色大衣怎么样？
女：好看是好看，不过跟刚才那件白色的相比，我更喜欢白色的。
问：女的喜欢哪件大衣？
② 女：我想去北京玩儿，那里的天气怎么样？
男：我觉得没有首尔这么凉快，空气比较干燥。
问：北京和首尔哪个城市更凉快？
③ 男：怎么你最近也习惯喝冰水了啊？
女：是啊，既然来到韩国，就应该入乡随俗嘛。
问：女的习惯喝什么？
④ 女：你觉得新来的小王怎么样？
男：虽然不太愿意说话，可我觉得人还是挺不错的。
问：与小王无关的是哪一项？

❸ ① A　　② B　　③ D　　④ C

❹ ① C B A　　② A C B

❺ ① B　　② B　　③ A

03 你支持哪个球队?

확인문제

p48

❶ ① 这部电影可真好看。
　② 我这可是第一次出国。
　③ 今天天气不好，你可得小心啊。
❷ ① 我可不能算是个聪明人。
　② 在那个公司我的成绩可好了。
　③ 你这样做会有问题的。

p49

❶ ① 多亏你告诉我，否则我就忘了。

② 多亏大家帮忙，不然不能准时结束。
③ 多亏平时多锻炼身体，要不然会受不了的。
❷ ① 多亏你提醒我
② 多亏警察来了
③ 多亏穿了大衣

p50

❶ ① 差点儿迟到了
② 差点儿就回不来了
③ 差点儿晕倒
❷ ① B　　② B　　③ C

p51

❶ ① 何况矮个子呢
② 何况学生呢
③ 何况北京呢
❷ ① 国内的手提包很贵，何况国外的手提包呢？
② 基础课学得不好，何况专业课呢？
③ 你都没吃过燕窝，何况韩国人呢？

연습

p53

❶ ① √　　② √　　③ ×　　④ ×

| 녹음 | ① 多亏你提醒，要不我就忘了今天的球赛了。
② 我是西班牙队的铁杆球迷。
③ 今天早上差点儿没迟到。
④ 我可喜欢看足球比赛了。

❷ ① B　　② A　　③ C　　④ C

| 녹음 | ① 女：多亏你的帮助，要不我一个人根本完不成任务。
男：在公司里大家应该互相帮助嘛。
问：这次任务是如何完成的？
② 女：早上收拾行李，差点儿没赶上飞机。
男：你应该提前收拾好行李。
问：女的为什么差点儿没赶上飞机？

③ 女：不知道我送给弟弟的衣服合不合身。
男：大小正合适，他可喜欢了，天天穿。
问：女的送给弟弟的衣服怎么样？
④ 女：我第一次做中国菜，你尝尝味道怎么样？
男：第一次？何况还是这么难做的菜，你手艺真好。
问：通过对话可以知道什么？

❸ ① A　　② C　　③ B　　④ D

❹ ① C B A　　　② B C A

❺ ① C　　② B　　③ A

04 了解中国家庭文化。

확인문제

p62

❶ ① 帽子被风吹掉了。
② 孩子被狗吓哭了。
③ 房间被妈妈打扫干净了。
❷ ① 被翻译成了韩国语
② 被弟弟吃了一半
③ 慢慢被人们忘记了

p63

❶ ① C　　② B　　③ A
❷ ① 做好了
② 很好回答
③ 修理好了

p64

❶ ① 我才放心
② 只有先尊重别人
③ 才能更好地利用时间
❷ ① C　　② A　　③ B

p65

❶ ① 只要你相信我
　② 我就能想起来
　③ 只要你不说
❷ ① B ② C ③ A

연습

p67

❶ ① ✓ ② × ③ × ④ ✓

| 녹음 | ① 今天早上我被手机铃声吵醒了。
② 这种花只有在晚上才能开。
③ 只要明天不下雨，我们就去登山。
④ 这件事情还没被妈妈发现。

❷ ① B ② C ③ A ④ C

| 녹음 | ① 女：你头发该剪了，这么长。
男：你懂什么，现在流行长头发。
问：女的觉得男的的头发怎么样？
② 女：走了这么远，就为了买一块蛋糕？
男：只有这家蛋糕店的蛋糕才合我的口味。
问：男的为什么买这家的蛋糕？
③ 女：明天的足球赛准备好了吗？
男：只要班长参加，就一定能赢。
问：班长的足球踢得怎么样？
④ 男：这个菜做得真好吃！
女：这是我们饭店的特色菜。
问：男的觉得这个菜怎么样？

❸ ① B ② C ③ A ④ D

❹ ① A C B or A B C ② C B A

❺ ① A ② C ③ C

---

05 提高艺术修养！

확인문제

p76

❶ ① 他早就到了
　② 我不是早就说过了吗
　③ 我早就答完试卷了
❷ ① 他早就在这儿排队了。
　② 我早就起床了。
　③ 我们早就认识了。

p77

❶ ① 我就给你打电话
　② 从学校后门一出去
　③ 就讨论留学的事情
❷ ① 我一听见这首歌就能想起你。
　② 他一吃完早饭就出门了。
　③ 孩子一见到妈妈就笑了。

p78

❶ ① 去是去，但是还没定好时间。
　② 听是听，可是没有都听懂。
　③ 想去是想去，不过没有那么多钱。
❷ ① C ② A ③ B

p79

① 一边听着波涛声
② 一边做饭
③ 一边点头

연습

p81

❶ ① × ② ✓ ③ × ④ ✓

| 녹음 | ① 他早就毕业了，现在已经工作五年了。
② 我经常一边打电话，一边喝咖啡。
③ 这个小孩儿胖是胖，但是特别可爱。
④ 今天的课早就结束了。

정답 및 듣기 대본

❷ ①A　②A　③C　④B

| 녹음 | ① 男： 我最近看了小说《杜拉拉升职记》，很有意思。
　　女： 我也看是看，不过我不喜欢那种小说。
　　问： 女的看了小说《杜拉拉升职记》吗？
② 女： 你不是已经读过这本书了吗？
　　男： 读过是读过，不过有些地方不是很清楚，还想再读一遍。
　　问： 男的为什么再读这本书？
③ 男： 这场球赛踢得可真没劲。
　　女： 我早跟你说了，他们不会尽力踢的。
　　问： 这场球赛怎么样？
④ 女： 你学习的时候怎么还听音乐？
　　男： 一边听音乐一边学习是我的习惯。
　　问： 男的学习的时候怎么样？

❸ ①B　②C　③A　④D

❹ ①A C B　②C A B

❺ ①A　②C　③A

06 复习1~5课

단어 익히기

p90

①

①
他一边吃饭一边看书。
看书
说去就去吧。
想睡觉。

②
风格都不一样。
我一下课就去。
课早就开始了。

❷ ① 果然 —— 과연
② 节省 —— 정말로
③ 简直 —— 절약하다

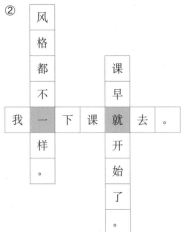

p91

❶ 상하이 와이탄 구경하기

A : 我们已经到了南京路步行街。
B : 南京路真不愧是"中华商业街"啊。
A : 是啊，这里有很多世界名牌。
B : 不管什么时候，这里都是热热闹闹的。

❷ 식당음식에 대해 이야기하기

A : 我经常在食堂吃饭。
B : 是因为食堂比较方便吗？
A : 对，还有种类挺多，而且便宜。
B : 不过我觉得在口感上还是差了一些。

❸ 함께 축구경기 응원하기

A : 世界杯决赛你打算看吗？
B : 那当然了。我不能错过。
A : 我们一起去酒吧看吧。
B : 太好了！酒吧里人多，气氛也好。

❹ 중국의 가정 문화에 대해 이야기하기

A : 怎么你家是叔叔做饭啊？
B : 没什么啊？爸爸做饭比妈妈做饭好吃。
A : 那你妈妈做什么啊？
B : 我妈妈负责洗衣服和收拾房间。

❺ 유리예술박물관 참관하기

A : 这就是上海著名的琉璃艺术博物馆。
B : 这个博物馆很有特点啊！
A : 这儿的气氛也相当不错。
B : 可不是嘛！一来到这儿就能感受到一股浓
　　厚的艺术气息。

p92

① 闷在家里　　　　② 尽地主之宜
③ 外滩　　　　　　④ 步行街
⑤ 中华商业第一街　⑥ 影集
⑦ 白发苍苍　　　　⑧ 共同语言
⑨ 修养　　　　　　⑩ 上海琉璃艺术博物馆
⑪ 商品区和餐饮区　⑫ 展览馆

---

07 看中国电影。

p98

❶ ① 我喜欢吃水果，尤其是西瓜。
　　② 我对运动很感兴趣，尤其是登山。
　　③ 下雨了，开车时尤其要小心路滑。
❷ ① B　　　② B　　　③ C

p99

❶ ②
❷ ① 这本书很好，只是太难了。
　　② 这个小区的环境很好，只是离市中心有点儿
　　　 远。
　　③ 我已经吃完饭了，只是没吃饱。

p100

❶ ① 对于小孩子来说，一切都很新鲜。
　　② 对于小狗来说，主人的关心很重要。
　　③ 对他来说，结果才是主要的。
❷ ① B　　　② C　　　③ A

p101

❶ ① 再幸福不过的了
　　② 再新鲜不过的了
　　③ 再高兴不过的了
❷ ① B　　　② A　　　③ C

p103

❶ ① ×　　　② ✓　　　③ ×　　　④ ×

> | 녹음 | ① 我真的很想去北京，只是最近太忙
> 　　　　　了。
> 　　　　② 我喜欢冬天，尤其是下雪的时候。
> 　　　　③ 对于这个问题，我还没明白。
> 　　　　④ 这件事情我是再清楚不过的了。

❷ ① A　　　② B　　　③ C　　　④ C

| 녹음 | ① 男：游泳太难了，我不想学了。
女：运动最重要的是坚持，尤其是刚开始的时候。
问：女的什么意思？
② 女：你喜欢这家餐厅的菜吗？
男：喜欢是喜欢，只是太贵了。
问：男的什么意思？
③ 男：你在网上买的书架怎么样？
女：质量好，价钱也便宜，只是要等很长时间。
问：网上买的书架怎么样？
④ 男：明天我几点去比较好？
女：会议七点开始，你提前一个小时去再好不过了。
问：女的什么意思？

❸ ① B　　② C　　③ A　　④ D

❹ ① B C A　　② C B A

❺ ① C　　② A　　③ C

08 什么是"早市"？

확인문제

p112

❶ ① C　② B　③ A
❷ ① 现买了一双
　② 现借一支
　③ 现写作业来不及了

p113

① 除非开车去接她，否则她不会来。
② 除非给宝宝买好吃的，否则宝宝会哭的。
③ 除非运动，才能成功减肥。

p114

① 你的英语说得够好的了。
② 这件衣服真够漂亮的。
③ 这场演唱会够精彩的了。

p115

❶ ① 看上去像个大花园
　② 看上去他是个语言天才
　③ 看上去她学习很努力
❷ ① 看上去不太喜欢我
　② 看上去大家都很喜欢欣赏
　③ 看上去得回家学习了

연습

p117

❶ ① ×　② ✓　③ ×　④ ✓

| 녹음 | ① 演唱会的票都卖完了。除非有退票的，否则我进不去。
② 除非小张上场，这场比赛才会赢。
③ 这几天是够冷的了。
④ 她一直没有电话，看上去她挺忙的啊。

❷ ① C　② A　③ B　④ C

| 녹음 | ① 女：我想买一张明天去北京的飞机票。
男：除非买贵一点儿的，便宜的都没有座位了。
问：关于女的我们可以知道什么？
② 女：明天的报告怎么办啊？
男：是啊，除非今天熬夜。
问：他们报告都写完了吗？
③ 男：快把衣服穿上吧。屋里够冷的。
女：是啊，越呆越冷。
问：他们觉得屋里冷不冷？
④ 男：她们俩长得可真像啊。
女：看上去像是双胞胎。
问：她们俩怎么样？

❸ ① C　② A　③ B　④ D

❹ ① C A B　　② A C B

❺ ① B　② C　③ A

확인문제

p126

❶ ① 找了他好几次 —— 她才回家
② 跑了三个书店 —— 他才同意
③ 半夜三点了 —— 我才买到汉英词典
❷ ① 他二十六岁才考上大学。
② 他说了好几个小时，我才明白他的来意。
③ 妈妈来了，孩子才不哭了。

p128

❶ ① 他最近够忙的。
② 你总是帮助我，真够朋友。
③ 一下买了这么多笔，够用一个学期了。
❷ ① 你会说四个国家的语言，真够厉害的。
② 少了两个，不够数。
③ 只有一个面包，不够吃。

p129

❶ ① 说的是，可是别人是不是也这么想就不清楚了。
② 你说的是，这个事情应该这么办。
③ 说的是，不过我还是难以相信。
❷ ① 说的是，我也是这么想的。
② 说的是，可做起来真难啊。
③ 说的是，这才是最好的解决办法。

연습

p131

❶ ① ✕　　② ✓　　③ ✓　　④ ✕

> | 녹음 | ① 这酒还真够劲儿，喝一杯就醉了。
> ② 肚子咕咕响了，我才知道自己忘了吃饭。
> ③ 你说的是。这个事情应该这么办。
> ④ 他五十多岁才结婚。

❷ ① B　　② C　　③ C　　④ A

> | 녹음 | ① 男：这次帮了我这么大的忙，你真够朋友。
> 女：没什么大不了的。
> 问：他们的关系怎么样？
> ② 女：除了新闻，球赛什么的偶尔也看看，挺有意思的。
> 男：说的是，没有比看球赛更有意思的了。
> 问：男的最喜欢看什么？
> ③ 男：你怎么还在运动？
> 女：生病住院了，我才知道自己运动不足。
> 问：女的知道自己运动不足的时间早不早？
> ④ 女：这些商品够数吗？
> 男：不够数，好像少了一个。
> 问：这些商品怎么样？

❸ ① A　　② C　　③ B　　④ D

❹ ① A C B　　　② B A C

❺ ① B　　② B　　③ C

확인문제

p140

❶ ① 不是专业不对口，就是工资太低
② 不是下雨，就是刮风
③ 不是看书，就是看报
❷ ① 他喜欢做运动，每周末不是打篮球就是踢足球。
② 小明很懒，一放假不是在家里睡觉，就是打游戏。
③ 一般这个时候，爷爷不是在公园里散步，就是在打太极拳。

p141

❶ ① 桌子上放着一支铅笔。
② 我们班来了两个新同学。
③ 前面走来一个外国人。
❷ ① 餐桌上摆着几道菜。
② 前面围了很多人。
③ 大楼里突然发生了火灾。

p142

① D, E　② A, B　③ C, F

p143

❶ ① 她等到放假的时候，要去旅行。
② 等做完作业，她要看电视。
③ 等我大学毕业，就读研究生。
❷ ① 只等到周末的时候
② 每年等到春节
③ 等考完试的时候

연습

p145

❶ ① ✕　② ✕　③ ✓　④ ✓

| 녹음 | ① 房间的墙上挂着一幅画，桌上放着书。
② 这件事不是小王干的就是小李干的。
③ 等我姐姐回来了，我就跟她一起吃晚饭。
④ 想学好外语，一方面要多说话，一方面要多听。

❷ ① B　② B　③ C　④ A

| 녹음 | ① 男：你怎么这么喜欢读书啊？
女：读书，一方面可以增长知识，一方面还可以提高修养。
问：女的喜欢读书的理由不包括什么？
② 女：等到周末，我就在家里好好睡一天觉。
男：你周末就知道睡觉啊？
问：女的周末要做什么？

③ 男：你看到我放在桌子上的手机吗？
女：不是在床上就是在桌子上。你找一找吧。
问：男人的手机可能在哪里？
④ 女：你放假准备干什么啊？
男：一方面好好放松一下，一方面预习预习下学期的内容。
问：男的不准备什么？

❸ ① D　② C　③ B　④ A

❹ ① A C B　② B C A

❺ ① B　② A　③ B

11 新年快乐!

확인문제

p154

❶ ① 他这么努力准备考试，这次非得高分不可。
② 明天如果下雨，我们的旅行计划非取消不可。
③ 这么冷的天吃冰淇淋，非肚子疼不可。
❷ ① 我非回家不可
② 老师非生气不可
③ 她说非离开这儿不可

p155

❶ ① 天气看起来阴沉沉的。
② 这片田地绿油油的。
③ 运动完后，妹妹的脸红彤彤的。
❷ ① C　② A　③ B

p156

❶ ① 他完全不拿自己的错误当回事。
② 他们总是喜欢拿我开心。
③ 我真拿他没办法。
❷ ① B　② A　③ C

p157

❶ ① 这个问题别说我做不出来，老师也做不出来。

② 在中国贫困地区的孩子们，别说上不了学了，有的连饭也吃不上。

③ 这件事，别说我做不了，大家也都做不了。

❷ ① 别说考第一名 　　我连男朋友也没有

② 别说女人 　　　　第十名我都没想过

③ 别说结婚 　　　　很多男人也找不到工作

연습

p159

❶ ① ✓ 　　② × 　　③ ✓ 　　④ ✓

| 녹음 | ① 他从小就喜欢听刘德华的歌，非刘德华不可。

② 他今天看起来喜滋滋的。

③ 我拿她当自己的姐姐一样。

④ 这东西别说几千块钱，就算几十块钱我都嫌贵了。

❷ ① A 　　② C 　　③ C 　　④ B

| 녹음 | ① 女：这间教室怎么脏兮兮的啊？

男：听说一直空着没人用。

问：这间教室怎么样？

② 女：哇！这么晚你还在学习啊？

男：这次我非得通过考试不可。

问：男的在干什么？

③ 男：这个工作别说一天，一个星期也不可能完成。

女：就是啊。

问：这个工作什么时候可以完成？

④ 男：听说小王的酒量很大，能喝一瓶白酒！

女：别说喝一瓶白酒，喝五瓶他也不会醉。

问：小王喝酒怎么样？

❸ ① C 　　② A 　　③ B 　　④ D

❹ ① C A B 　　② B A C

---

❺ ① C 　　② B 　　③ A

12 复习 7~11 课

단어 익히기

p168

❶

①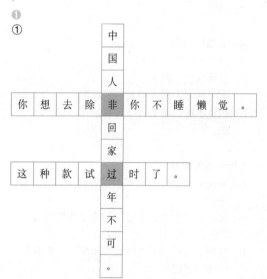

②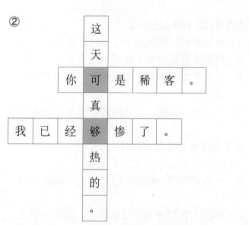

❷ ① 搜索 ② 促销 ③ 入迷 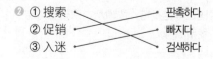 판촉하다 빠지다 검색하다

정답 및 듣기 대본

회화 익히기

p169

❶ 영화 감상평 말하기

A : 原来叶问是李小龙的师父啊!

B : 是啊，李小龙在十三岁时跟随叶问学习了 咏春拳。

A : 对于喜欢功夫电影的人来说，李小龙是再 熟悉不过的了。

B : 对啊。

❷ 친구와 코트 사기

A : 这件大衣怎么样?

B : 这种款式过时了。

A : 那这件呢? 够活泼大方了吧?

B : 这件不错，看上去比较有朝气，很适合 你。

❸ 인터넷 용어 알기

A : 我最近交了一个网友，我觉得我们很谈得 来。

B : 在网上"恐龙、青蛙"都成了俊男美女。

A : "恐龙、青蛙"也会上网?

B : 在网上人们把丑女叫做"恐龙"，把丑男 叫做"青蛙"。

❹ 장래희망을 위해 실천하기

A : 我想去烹饪学院报一个周末培训班。

B : 我真没想到你马上就行动起来了。

A : 心动不如行动嘛。我以前也有过这种想 法。

B : 等你当了大厨，我要做你的第一个顾客!

❺ 친구 집에서 함께 설 보내기

A : 你今天怎么了，这么没精神?

B : 我本来想回一趟国，结果什么票都紧张得 很。

A : 中国人春节非回家过年不可，自然一票难 求。

B : 在中国过年也不错，放鞭炮，到处张灯结 彩，非常热闹。

쓰기 연습하기

p170

① 功夫电影	② 叶问
③ 精彩	④ 早市
⑤ 现做现卖	⑥ 热乎乎
⑦ 香喷喷	⑧ 百货商店
⑨ 大衣	⑩ 过时
⑪ 土	⑫ 厨师
⑬ 烹饪学院	⑭ 培训班
⑮ 大厨	⑯ 顾客
⑰ 邀请	⑱ 饺子

본문 해석

01 逛上海外滩。

#1 p15

장 린   민수야, 주말에 혼자서 답답하게 집에서 뭐하니?

박민수   나는 오히려 밖에 나가서 좀 다녀보고 싶은데, 아무 곳도 모르겠어.

장 린   내가 널 와이탄에 데리고 가서 구경시켜 줄게. 그렇지 않으면 나한테 주인 된 도리를 다하지 않았다고 나무랄 것 같아.

박민수   듣자니 와이탄은 외국인이라면 반드시 가봐야 하고, 이국적인 풍경으로 가득한 곳이라고 하더라. 그리고 남경로도 상하이에서 가장 번화한 곳이고, 건축물도 매우 특색 있다고 해.

장린   응, 네가 상하이에 왔으니깐 어쨌든 와이탄에는 가봐야 해.

박민수   그럼 뭘 더 기다리니? 가자고 했으면 얼른 가자.

#2 p16

박민수   와이탄의 건축물들은 과연 매우 특별하구나. 풍격도 모두 다르네.

장 린   그래서 와이탄은 '세계 건축 박람'이라는 칭호를 가지고 있어. 봐봐, 저쪽이 동방명주탑이야.

박민수   다음에는 우리 동방명주탑에 가자.

장 린   좋아. 지금 우린 이미 남경로 보행자 거리에 도착했어.

박민수   남경로는 정말이지 '중국 상업 제1가'라고 해도 손색이 없구나.

장 린   응, 여기엔 아주 많은 중국 전통 브랜드가 있고, 아주 많은 세계 유명 브랜드도 있어. 언제 오든지 여긴 항상 시끌벅적해.

#독해 p17

민수가 상하이에 오고 오랜 시간이 지났지만, 줄곧 밖으로 놀러 가본 적이 없다. 주인 된 도리를 다하기 위해 주말에 장린은 민수를 데리고 와이탄과 남경로를 구경할 계획이다. 와이탄은 상하이에 온 외국인이라면 반드시 가봐야 하는 곳인데, 이는 와이탄에는 이국적인 풍격의 건축물이 많기 때문이다. 민수와 장린은 와이탄에서 남경로 보행자 거리까지 계속 걸어갔다. 남경로에는 많은 중국 전통 브랜드가 있으며, 세계적으로 유명한 브랜드도 있다. 이곳은 언제든지 항상 시끌벅적하다.

02 午饭去哪儿吃?

#1 p31

장 린   민수야, 너는 어디 가서 점심을 먹을 생각이니?

박민수   나도 마침 이 일로 고민하고 있었어. 학교 근처에 있는 식당에서는 모두 먹어봤어.

장 린   나는 지금 식당에 가려는데, 아직 결정 못 했으면 나랑 같이 식당에 가서 입맛을 좀 바꿔보자.

박민수   좋아, 오늘은 나도 식당에 가서 먹어야겠다.

장린   지금은 마침 식당이 가장 붐비는 시간이라, 아마도 식당에 사람이 아주 많을 거야.

박민수   그럼 우리 20분 후에 가자.

#2 p32

박민수   너는 자주 식당에서 밥을 먹니?

장 린   응, 중국 학생들은 평소에 일반적으로 식당에서 밥을 먹는 것을 택해.

박민수   식당이 비교적 편리하기 때문이니?

장린   맞아, 식당에서 음식을 사는 게 밖에서 음식을 주문하는 것보다 더 시간을 절약할 수 있어.

박민수   그럼 네 생각에 음식 맛은 어떠니?

장 린   음식 종류가 정말 많고, 맛도 있고 가격도 저렴해.

박민수 밖에 있는 식당과 비교했을 때, 식당(큰 솥밥) 음식의 맛은 좀 별로야.

장 린 그건 그래. '싼 게 비지떡'이라고 하잖아.

#독해 p33

장린은 평소 구내식당에서 밥을 먹는다. 구내식당에서 음식을 사 먹는 것이 밖에 (있는 식당)에서 주문하는 것보다 시간을 절약할 수 있다고 생각하기 때문이다. 또 그녀는 식당 음식의 종류가 아주 많고, 맛있으며 저렴하다고 생각한다. 그러나 민수는 식당의 음식이 밖의 그것보다 맛이 없다고 느낀다. 장린은 이것을 '싼 게 비지떡'이라고 한다

03 你支持哪个球队?

#1 p45

장 린 민수야, 내일 새벽에 있을 월드컵 결승전을 너는 볼 계획이니?

박민수 그야 물론이지, 스페인 대 네덜란드잖아. 이렇게 훌륭한 경기를 내가 놓칠 수 없지.

장 린 나는 몇몇 친구들과 함께 술집에 가서 보기로 했는데, 너도 같이 가자.

박민수 아주 좋아! 술집에는 사람도 많고, 분위기도 좋잖아.

장 린 근데, 너 내일 내야 할 숙제를 잊으면 안 돼.

박민수 어머, 다행히도 네가 날 깨워쳐 줬구나. 그렇지 않으면 나는 하마터면 잊어버릴 뻔했어!

#2 p46

박민수 경기가 마침 끝났네, 정말 긴장된다.

장 린 정말 아쉬워, 스페인이 우승하고, 내가 응원한 네덜란드 팀이 졌어.

박민수 네덜란드 팀의 경기는 정말 좋았어. 게다가 예전에도 결승전에 올랐었잖아. 그건 그들이 실력이 있음을 말해주는 것이지.

장 린 상관없어, 한 번의 승부에 연연해 할 필요는 없어. 민수 너는 어느 팀을 좋아하니?

박민수 나는 브라질 팀의 광팬이야. 나는 네이마르를 정말 좋아해.

장 린 다음 월드컵이 바로 브라질에서 열릴 거래.

#독해 p47

장린과 민수는 함께 술집에서 월드컵 결승전을 보기로 약속했다. 술집에는 사람도 많고, 분위기도 좋았으며, 게다가 여러 사람과 장린은 함께 그들이 지지하는 네덜란드 팀을 응원했다. 그런데 아쉽게도 네덜란드 팀이 지고, 스페인이 우승을, 네덜란드 팀은 준우승을 차지했다. 다음 월드컵은 브라질에서 개최할 예정인데, 민수가 가장 좋아하는 팀이 바로 브라질 팀이다.

04 了解中国家庭文化。

#1 p59

박민수 장린아, 어째서 너희 집에서는 아저씨가 밥을 하시니?

장 린 별 다른 건 없는데? 아빠가 엄마보다 밥을 맛있게 하셔. 그래서 아빠가 밥을 하시는 것뿐이야.

박민수 집안 일을 모두 아저씨가 다 하시니, 아주머니는 매일 여유롭게 생활하실 수 있으시겠다?

장 린 우리 집 집안일은 가사분담을 하고 있어. 아빠는 식사를, 엄마는 세탁과 방 청소를 책임지셔.

박민수 가사 분담인데 어째서 네 분담은 없는 거야?

장 린 하하, 아주 좋은 질문이야. 내 일은 바로 열심히 공부하는 거야.

#2 p60

장 린   이 사진첩에는 있는 건 모두 나와 친구들의 사진이
       야. 봐, 이 사진은 우리 둘이 와이탄에서 찍은 거야.

박민수   이 하얀 백발의 외국인 할아버지는 누구야?

장 린   이분은 세계박람회 기간 동안 지원자로 있을 때 알
       게 된 친구야.

박민수   오, 친구? 한국에서는 나이가 같아야만 '친구'라고
       부를 수 있어.

장 린   중국에서는 공감대만 있으면 모두가 '친구'야.

박민수   보아하니 호칭에서도 문화 차이를 발견할 수 있
       구나.

#독해 p61

민수는 장린의 집에 초대받았는데, 장린의 집에서 밥을 하
는 사람이 장린의 아빠임을 발견했다. 원래 장린집의 집안
일은 가사분담을 하고 있는데, 아빠는 식사를, 엄마는 세탁
과 방 청소를 책임지고 있다. 민수는 또 장린의 사진첩도 보
았다. 장린이 세계박람회 기간 동안 지원자로 있을 때 알게
된 외국인 할아버지를 보았는데, 장린은 이 할아버지가 자
신의 친구라고 말했다. 중국에서는 나이를 구분하지 않고
공감대만 있으면 모두가 바로 친구가 된다.

05 提高艺术修养!

#1 p73

장 린   봐, 여기가 바로 상하이에서 유명한 유리예술박물
       관이야.

박민수   일찍부터 이 박물관이 매우 독특하다고 들었는데,
       과연 소문이 거짓이 아니었구나.

장 린   여기 1층은 상품 코너와 식당코너고, 2층과 3층이
       전시관이야. 우리 위로 올라가서 한번 보자.

박민수   (2층으로 올라가다) 왜! 이곳의 유리예술품은 정말

매우 아름다워!

장 린   그건 당연하지. 뿐만 아니라 여기 분위기도 상당히
       괜찮아.

박민수   그러게 말이야. 여기에 오기만 하면 바로 깊은 예술
       적 숨결을 느낄 수 있구나.

#2 p74

장 린   민수야, 너 〈뚜라라 승진기〉 봤니?

박민수   아니, 근데 소설은 봤어. 젊은이들이 고군분투하는
       이야기를 다뤘지.

장 린   맞아. 영화는 바로 이 소설을 바탕으로 각색한 거
       야. 괜찮으면 내일 오후에 우리 함께 보러 가자.

박민수   좋긴 좋은데, 그런데 나는 영화 대화가 너무 빨라서
       이해를 못 할까 봐 걱정이야.

장 린   상관없어. 영화 내용과 소설은 별 차이가 없거든.

박민수   그럼 좋아. 자막을 보면서 듣기 연습도 하지 뭐.

#독해 p75

장린과 민수는 함께 유리예술박물관에 갔다. 그 곳은 상하
이에서 유명한 박물관 중 한곳으로, 비록 크진 않지만 내부
에 있는 예술품은 매우 아름답다. 게다가 그곳은 분위기도
상당히 좋고 예술적인 숨결이 가득하다. 1층에는 주로 상품
코너와 식당코너가 있고, 2층과 3층은 전시관이다. 이외에
도 장린과 민수는 또 〈뚜라라 승진기〉를 보러 갈 계획인데,
이 영화는 소설에 근거하여 각색한 것이다.

07 看中国电影。

#1 p95

장 린   민수야, 너는 영화 보는 거 좋아하니?

박민수   아주 좋아해. 특히 중국의 무술 영화를 좋아해.

장　린　그럼 우리 근처에 있는 영화관에 가서 〈엽문〉보자,
　　　　어때?

박민수　좋아, 나는 일찍부터 이 영화가 보고 싶었는데, (단
　　　　지) 줄곧 기회가 없었어.

장　린　아차, 학생증을 잊고 안 가져왔어. 학생표를 못 사
　　　　겠다.

박민수　괜찮아. 너 몰랐니? 12시 전에는 모든 표 값을 50%
　　　　할인해줘.

장　린　너는 그런 것도 아니? '중국통'이 다 됐구나!

#2　p96

박민수　영화가 정말 멋지다! 원래 엽문은 이소룡의 스승이
　　　　구나!

장　린　맞아, 이소룡은 13세에 엽문을 따라 영춘권을 배웠
　　　　어.

박민수　무술 영화를 좋아하는 사람에게 있어서, 이소룡은
　　　　굉장히 잘 알려져 있지.

장　린　맞아, 이소룡은 세계적인 영향력을 지닌 무술의 대
　　　　가야.

박민수　좀 더 구체적으로 〈엽문〉과 이소룡의 상황에 대해
　　　　서 알고 싶은데, 어떻게 인터넷에서 자료를 검색하
　　　　지?

장　린　웹사이트 '바이두'에서 네가 알고 싶은 내용을 입력
　　　　하면 돼.

#독해　p97

민수는 중국의 무술 영화를 매우 좋아한다. 그래서 장린과
함께 근처에 있는 영화관에 〈엽문〉을 보러 갔다. 엽문은 무
술의 대가인 이소룡의 스승인데, 무술 영화를 좋아하는 사
람에게 있어서 이소룡은 굉장히 잘 알려진 사람이다. 민수
는 영화가 아주 멋지다고 생각했고, 〈엽문〉과 이소룡에 대해
더 많은 것이 알고 싶어졌다. 그래서 민수는 장린에게 인터
넷상에서 어떻게 자료를 찾으면 될지 물었고, 장린은 그에

게 '바이두'에서 검색해보면 된다고 알려줬다.

08 什么是 "早市"?

#1　p109

박민수　'早市'가 뭐야? 아침 시장?

장　린　맞아. 아침에만 열리는 시장인데, 과일, 야채, 일용
　　　　품 등을 팔아.

박민수　아침 시장에서 파는 물건들은 모두 신선하겠지?

장　린　응, 아침 시장에는 즉석에서 만들어 파는 아침식사
　　　　도 있어. 따끈따끈하고, 향기롭기 그지없지.

박민수　말을 들으니 군침이 다 난다. 시간 나면 나도 좀 데
　　　　려가서 보여줘.

장　린　아침 시장은 일찍 끝나니까, 가고 싶으면 늦잠 자면
　　　　안 돼.

#2　p110

박민수　오늘 백화점에서 판촉활동을 하는데, 우리 가성비
　　　　좋은 물건 좀 건지러 가자.

장　린　좋아, 오늘은 네 말을 듣지.

박민수　이 코트 어때? 입으니까 기품 있어 보이지 않니?

장　린　이런 스타일은 유행이 지났어, 색깔도 좀 촌스럽고.

박민수　그럼 이 옷은? 발랄하고 세련돼 보이지 않니?

장　린　아, 이 옷은 괜찮네. 비교적 생기 있어 보이는 게 네
　　　　게 잘 어울려.

박민수　그럼 이 옷으로 해야겠다. 여기요, 이 옷 어떻게 팔
　　　　죠?

직　원　지금 마침 세일기간이고요, 세일해서 680위안입니
　　　　다.

#독해 p111

민수와 장린은 함께 백화점에 갔다. 지금 백화점에서 판촉 활동을 하기 때문에 저렴한 물건을 사기 위해서이다. 민수는 줄곧 코트를 사려고 했었다. 그가 고른 첫 번째 코트는 이미 유행이 지난 스타일이라고 장린이 말했다. 이어서 또 한 벌을 골랐는데, 이 옷은 생기 있고 발랄해 보여 두 사람 모두 마음에 들었다. 나중에 민수는 680위안을 주고 이 코트를 샀다.

09 别拿我开心了。

#1 p123

장 린 민수야, 너 오늘 왜 우울하니?

박민수 말도 마. 오늘 선생님이 내게 '见异思迁'의 뜻을 물어보셨어.

장 린 그래서 너는 뭐라고 대답했는데?

박민수 '멋진 이성을 만나면 이사 가서 살고 싶어한다'라고 말했는데, 반 친구들 모두 큰소리로 웃기 시작하는 거야. 그제서야 나는 내 답이 틀렸다는 걸 알았지.

장 린 틀리긴 틀렸는데, 아주 창의적이야!

박민수 나를 놀리지 마. 너는 친구도 아니야.

#2 p124

박민수 최근에 인터넷 친구 한 명을 사귀었는데, 내 생각에 우리는 말이 아주 잘 통하는 것 같아.

장 린 인터넷에서는 '공룡, 청개구리'도 모두 선남선녀가 돼. 난 정말 못 믿겠어.

박민수 뭐? '공룡, 청개구리'도 인터넷을 할 줄 안다고?

장 린 인터넷에서 사람들은 못생긴 여자를 '공룡'이라고 부르고, 못생긴 남자를 '청개구리'라고 불러.

박민수 어, 그래? 그런데 실제 생활에서 외모를 제외한 다른 건 사실을 말하지 않아도 돼.

장 린 그건 그래. 하지만 인터넷에서처럼 그렇게 심하게 부풀리지는 않겠지.

#독해 p125

중국어를 공부할 때, 일부 외국인이 이해하기 어려운 부분이 있는데, (이해를) 잘 하지 못하면 웃음거리가 될 것이다. 예를 들면 민수는 성어 '见异思迁'을 '멋진 이성을 만나면 이사 가서 살고 싶다'로 이해한 것이다. 그 외에도 그는 인터넷 용어 '공룡'과 '청개구리'를 진짜 동물로 이해했는데, 나중에 '공룡'이 가리키는 것은 못생긴 여자, '청개구리'가 가리키는 것은 못생긴 남자라는 것을 알게 되었다.

10 你的梦想是什么?

#1 p137

장 린 너는 무슨 책을 보는데, 그렇게 빠져 있니?

박민수 요리관련 책을 보고 있었어.

장 린 요리? 설마 너 나중에 요리사 되려고?

박민수 맞아, 일류 요리사가 되는 게 내가 줄곧 품어 왔던 꿈이야.

장 린 요즘 많은 사람이 자신의 꿈에 대해 말하면, 의사가 되고 싶다거나 변호사 등이 되고 싶다고 하는데, 너는 정말 특별하다!

박민수 다른 사람들이 내가 만든 음식을 맛있게 먹는 것을 보면 얼마나 행복하니!

#2 p138

박민수 듣자니 학교 근처에 요리학원이 생겼다던데, 주말 반을 등록하려고 해.

장 린 네가 바로 행동으로 옮길 줄은 생각도 못했어.

박민수   마음이 움직이는 것은 행동하느니만 못하잖아. 전에도 이런 생각을 한 적이 있어.

장 린   아주 좋아. 이렇게 하면 네 꿈에 한 발짝 더 가까워질 수 있고, 네 여가 생활이 풍부해질 수도 있지.

박민수   그럼 오후에 수업 마치자마자 등록하러 가야겠다.

장 린   네가 훌륭한 요리사가 되길 기다렸다가, 너의 첫 번째 고객이 될 거야!

#독해 p139

민수가 줄곧 품어 왔던 꿈은 요리사가 되는 것이기 때문에, 그는 늘 요리관련 책을 본다. 그는 다른 사람이 자신이 만든 음식을 맛있게 먹는 것을 보면 정말 행복하다고 여긴다. 얼마 지나지 않아, 민수는 요리학원 주말반에 등록할 준비를 하고, 장린은 이것이 매우 좋은 생각이라고 여긴다. 꿈에 한 발짝 더 다가갈 수 있고, 여가 생활도 풍부하게 해주기 때문이다.

11 新年快乐!

#1 p151

장 린   민수야, 너 오늘 무슨 일이 있길래 이렇게 정신이 없어?

박민수   원래 설에 귀국하려고 했는데, 결국은 어떤 표도 다 없네.

장 린   풍속에 따라서, 중국사람은 설에 반드시 집으로 돌아가서 명절을 보내야 하니, 당연히 표 한 장도 구하기 어렵지.

박민수   중국에서 설을 보내는 것도 괜찮아. 작년 설에, 나는 친구와 함께 폭죽을 터뜨리고 묘회도 구경하고, 마을은 가는 곳마다 초롱을 달고 비단띠로 장식을 했어. 매우 시끌벅적했지.

장 린   그런데 왜 한국의 설은 늘 고요하고, 그렇게 조용하니?

박민수   한국사람들은 설에 조상께 차례를 지내는 풍습이 있어. 그래서 사람들은 모두 집에 모여 이야기를 나눠.

#2 p152

박민수   새해 복 많이 받아! 초대해줘서 고마워. 내가 너를 번거롭게 하는구나.

장 린   무슨 소리야! 너는 귀한 손님인데, 단지 집에 네게 대접할 좋은 요리가 없네.

박민수   절대 날 외부인처럼 여기지 마. 자오쯔(교자)만 있으면 되는데 뭘. 사실은 중국에 오자마자 난 자오쯔 빚는 법을 배우고 싶었어.

장 린   네가 이렇게 자오쯔 먹는 걸 좋아하니, 네게 자오쯔 빚는 걸 가르쳐 줄게, 어때?

박민수   자오쯔 빚는 건 쉬워 보이는데, 직접 만들기는 어렵지?

장 린   응, 너 뿐만 아니라, 많은 중국사람도 다 빚을 줄 아는 건 아니야.

#독해 p153

중국의 전통풍속에 따르면, 설에 중국사람들은 모두 집으로 돌아가서 보내야 한다. 가족이 모이고, 함께 폭죽을 터뜨리고, 섣달 그믐날 저녁을 먹는다. 그렇기 때문에 이때는 어떤 표라도 구하기 어렵다. 민수는 원래 귀국해서 설을 보내려고 했는데, 비행기표를 사지 못해서 장린의 집에 초대받아 함께 설을 보내게 되었다. 민수는 중국에 오면서부터 자오쯔 먹는 것을 좋아하게 되었는데, 설에 그는 마침내 장린에게서 자오쯔 빚는 방법을 배울 기회를 갖게 되었다.

단어 색인

단어 색인

Z

MEMO

MEMO

MEMO

MEMO

중국어, 똑똑하게 배우자!

스마트 중국어

워크북

STEP

최신
개정

4

동양북스

중국어, 똑똑하게 배우자!

스마트 중국어

워크북

STEP

4

최신
개정

동양북스

STEP 1 녹음을 들으며 빈칸에 알맞은 단어를 써 보세요.

❶ ▶ W01-01

张林　　民秀，周末你一个人＿＿＿＿＿干什么啊？

朴民秀　我＿＿＿＿＿多走走，可哪里都不认识啊。

张林　　我带你去外滩那边＿＿＿＿＿吧。不然你会怪我没
　　　　　＿＿＿＿＿的。

朴民秀　听说外滩是外国人＿＿＿＿＿，那里充满了＿＿＿＿＿。
　　　　　还有南京路也是上海最热闹的地方，
　　　　　建筑也＿＿＿＿＿。

张林　　是啊，你来了上海，＿＿＿＿＿去外滩看看。

朴民秀　那还等什么？＿＿＿＿＿。

朴民秀　外滩的建筑＿＿＿＿＿很特别，风格都不一样。

张林　　因此外滩有"＿＿＿＿＿＿＿＿"的称号啊。
　　　　看，那边是东方明珠塔。

朴民秀　下次我们去＿＿＿＿＿看看吧。

张林　　好啊。现在我们已经到了＿＿＿＿＿。

朴民秀　南京路＿＿＿＿"中华商业第一街"啊。

张林　　是啊，这里有很多＿＿＿＿＿，也有很多世界名
　　　　牌。＿＿＿＿什么时候，这里都是＿＿＿＿＿。

STEP ② 역할을 바꾸어 대화해 봅시다.

① A형　▶ W01-03　　　　　② B형　▶ W01-04

☞ 녹음은 두 번 반복되어 나옵니다.
　① A형에는 첫 번째 사람의 녹음이 비어 있습니다.
　② B형에는 두 번째 사람의 녹음이 비어 있습니다.
　녹음이 빈 부분에 자신의 목소리로 스피킹 연습을 해 보세요.
　(매 과 본문 받아쓰기&스피킹 훈련의 STEP2 연습 방법은 동일하며,
　연습 방법 설명은 1과에만 제시합니다.)

1 다음 한어병음을 보고 그에 맞는 중국어를 써 보세요.

(1) fēngqíng ···▶ _____

(2) lǎozìhào ···▶ _____

(3) Nánjīng Lù ···▶ _____

(4) Wàitān ···▶ _____

(5) bólǎn ···▶ _____

2 다음 괄호 안의 단어를 이용하여 알맞은 표현방식으로 문장을 완성하세요.

(1) 弟弟今年两岁了，小脸儿_____的，非常可爱。(胖)

(2) 教室里_____的，大家都在看书。(安静)

(3) 我家小狗的毛_____的，很漂亮。(雪白)

(4) 他总是把房间打扫得_____的。(干净)

(5) 他生病了，手_____的。(冰凉)

3 빈칸에 들어갈 알맞은 중국어 단어를 보기에서 찾아 써 보세요.

보기			
不然	说什么也	不管	说唱就唱

(1) 妈妈的话，他_____听不进去。

(2) 你给家里打个电话吧，_____家人会担心的。

(3) _____你去不去，我们都要出发。

(4) _____吧，我们等着嘛。

4 ▶ 다음 한국어 문장을 참고하여 중국어 문장을 완성하세요.

(1) 그럼 뭘 더 기다리니? 말한 김에 가보자.

⋯ 那还等什么？_____吧。

(2) 어느 때이든, 이곳은 항상 북적거린다.

⋯ _____什么时候，这里都是热热闹闹的。

(3) 네가 상하이에 왔다면, 어쨌든 와이탄에는 꼭 가봐야 한다.

⋯ 你来了上海，_____得去外滩看看。

(4) 내가 널 와이탄으로 데려가서 구경시켜줄게.
그렇지 않으면 너는 내가 주인 된 도리를 다하지 못했다고 원망할 거야.

⋯ 我带你去外滩那边_____吧。
不然你会怪我没尽_____的。

5 ▶ 다음 질문에 중국어로 대답해 보세요.

(1) 상하이에 있는 볼거리나 가볼 만한 곳에 대해 이야기해 보세요.

(2) 한국에 여행을 온 외국인에게 소개하고 싶은 장소가 있나요?

STEP 1 녹음을 들으며 빈칸에 알맞은 단어를 써 보세요.

1 ▶ W02-01

张林　　 民秀，你午饭想去哪儿吃啊？

朴民秀　 我正为＿＿＿＿＿＿。学校附近的饭店都吃遍了。

张林　　 我正要去食堂。＿＿＿＿＿你没决定，就跟我一块
　　　　 儿去食堂＿＿＿＿＿＿吧。

朴民秀　 好啊，今天我也去吃食堂吧。

张林　　 现在正好是就＿＿＿＿＿＿＿＿＿，食堂里的人
　　　　 可能很多。

朴民秀　 那咱们过二十分钟再去吧。

朴民秀　你经常在＿＿＿＿吃饭吗？

张林　是的，中国学生＿＿＿＿一般都会选择在食堂吃饭。

朴民秀　＿＿＿＿食堂比较方便吗？

张林　对，在食堂打菜比在外面点菜更＿＿＿＿。

朴民秀　那你觉得菜的＿＿＿＿怎么样呢？

张林　菜的＿＿＿＿，而且既好吃又便宜。

朴民秀　＿＿＿＿外面的饭店＿＿＿＿，大锅饭在口感上还是＿＿＿＿。

张林　那倒是，"＿＿＿＿"嘛。

STEP ❷ 역할을 바꾸어 대화해 봅시다.

① A형 ▶ W02-03　　　② B형 ▶ W02-04

1 다음 한어병음을 보고 그에 맞는 중국어를 써 보세요.

(1) fāchóu ⋯⋯▶ _____

(2) wèi ⋯⋯▶ _____

(3) píngshí ⋯⋯▶ _____

(4) kǒugǎn ⋯⋯▶ _____

(5) biàn ⋯⋯▶ _____

2 没有 또는 不比를 이용하여 다음 부정문을 완성하세요.

(1) 张林的妹妹_____张林漂亮。

(2) 民秀的发音_____大卫那么标准。

(3) 他_____我矮。

(4) 我的成绩_____你差。

3 빈칸에 들어갈 알맞은 중국어 단어를 보기에서 찾아 써 보세요.

> **보기**
>
> 高峰时间　　　再　　　食堂　　　去哪儿

(1) 你午饭想_____吃啊?

(2) 咱们一块儿到_____就餐。

(3) 现在正好是就餐_____等会儿去，行吗?

(4) 好，那咱们过二十分钟____去吧。

4 다음 한국어 문장을 참고하여 중국어 문장을 완성하세요.

(1) 나는 이 옷이 당신에게 아주 잘 어울린다고 생각한다.

⋯⋯ 我觉得这件衣服＿＿＿＿你的。

(2) 당신은 기왕 좋은 선생님이 되려고 하니, 끊임없이 배워야 한다.

⋯⋯ 你＿＿＿想当好老师，＿＿得不断学下去。

(3) 등산과 비교하자면, 나는 달리기를 더 좋아한다.

⋯⋯ ＿＿＿＿登山来，我＿＿喜欢跑步。

(4) 나는 많은 기업가들이 그 사람만큼 그렇게 운이 좋지는 않았다고 생각한다.

⋯⋯ 我认为很多企业家＿＿＿＿他这么幸运了。

5 다음 질문에 중국어로 대답해 보세요.

(1) 중국에서 일반 식당에 가본 적이 있나요? 기억에 남는 곳을 이야기해 보세요.

(2) 한국의 맛집을 소개해 보세요.

STEP 1 녹음을 들으며 빈칸에 알맞은 단어를 써 보세요.

1 ▶ W03-01

张林 　民秀，明天凌晨的＿＿＿＿＿＿＿你打算看吗？

朴民秀 　＿＿＿＿＿，西班牙对荷兰，这么精彩的比赛我可

　　　　＿＿＿＿＿。

张林 　我和几个朋友＿＿＿＿＿看，你也一起去吧。

朴民秀 　＿＿＿＿＿！酒吧里人多，气氛也好。

张林 　不过，明天要交的作业＿＿＿＿＿＿＿。

朴民秀 　哎呦，多亏你提醒我，要不＿＿＿＿＿＿＿＿！

朴民秀　比赛终于结束了，＿＿＿＿＿啊。

张林　　＿＿＿＿＿，西班牙获得冠军，我支持的荷兰队输了。

朴民秀　荷兰队表现不错，何况以前也进入过＿＿＿＿，说明他们很有实力。

张林　　没关系，＿＿＿＿＿＿＿＿嘛。
　　　　民秀，你喜欢哪个队？

朴民秀　我是巴西队的＿＿＿＿＿，我可喜欢内马尔了。

张林　　＿＿＿＿＿＿正是要在巴西举办呢。

STEP ❷ 역할을 바꾸어 대화해 봅시다.

① A형　▶ W03-03 　　　　② B형　▶ W03-04

1 다음 한어병음을 보고 그에 맞는 중국어를 써 보세요.

(1) jǐnzhāng ····▶ _____

(2) yàobù ····▶ _____

(3) zhèng shì ····▶ _____

(4) qìfēn ····▶ _____

(5) zhīchí ····▶ _____

2 다음 기사 중 일부를 보고 빈칸에 알맞은 중국어를 써서 대화를 완성하세요.

2030年 6月11日 08：41

6月11日凌晨西班牙VS俄罗斯

西班牙队4-1大胜俄罗斯。上半场西班牙队就以2-0领先……

A: 比赛 (1)_____结束了，好紧张啊。

B: 真可惜，西班牙获得 (2)_____，我支持的 (3)_____输了。

A: 他们表现不错，何况以前也进入过决赛，说明他们很有
(4)_____。

B: 没关系，胜败乃兵家常事嘛。

3 다음 프로그램 표를 보고 빈칸에 알맞은 중국어를 써서 대화를 완성하세요.

直播表（足球）					
球队	比分	球队	比赛日期	开球时间	比赛场馆
西班牙	VS	俄罗斯	2030年6月11日	03：45	马德里

A: 6月11日的 ⁽¹⁾_____你打算看吗?

B: 那当然了，⁽²⁾_____对 ⁽³⁾_____， 这么精彩的比赛我可不能错过。

A: 我和几个朋友打算去酒吧看，你也一起去吧。

B: ⁽⁴⁾_____! 酒吧里人多，气氛也好。

4 다음 한국어 문장을 참고하여 중국어 문장을 완성하세요.

(1) 내일 제출할 숙제 잊지 마.

⋯▶ 明天要交的作业你_____。

(2) 네가 알려준 덕분이지, 안 그러면 깜박할 뻔했다.

⋯▶ _____, 要不我差点儿忘了。

(3) 나는 브라질 팀의 열광적인 팬이다.

⋯▶ 我是_____的铁杆_____。

(4) 다음 월드컵이 마침 브라질에서 열린다.

⋯▶ _____世界杯正是要在巴西_____呢。

5 다음 질문에 중국어로 대답해 보세요.

(1) 응원하는 팀이 졌습니다. 이 팀에 응원 메시지를 전해보세요.

(2) 좋아하는 운동종목과 선수를 소개해 보세요.

① ▶ W04-01

朴民秀　张林，_____你家是张叔叔做饭啊？

张林　　_____？爸爸做饭比妈妈做饭好吃，所以就爸爸_____。

朴民秀　家务都被叔叔干完了，阿姨可以_____了吧？

张林　　我们家的家务实行_____，爸爸负责做饭，妈妈负责洗衣服和_____。

朴民秀　家庭分工怎么_____啊？

张林　　哈哈，_____，我的工作就是好好学习。

② ▶ W04-02

张林 　 这本＿＿＿＿＿＿都是我和朋友们的照片，看，这张
　 　 　 是我们俩在外滩拍的。

朴民秀　 这位＿＿＿＿＿＿＿＿外国老爷爷是谁啊？

张林 　 这位是我在＿＿＿＿＿期间做志愿者时认识的朋友。

朴民秀　 啊，朋友？在韩国，＿＿＿＿＿＿＿＿＿＿，才能叫
　 　 　 "朋友"呢。

张林 　 在中国啊，只要有＿＿＿＿＿＿＿，大家就都是"朋
　 　 　 友"。

朴民秀　 看来，称呼也能＿＿＿＿＿文化差异来啊。

STEP ❷ 역할을 바꾸어 대화해 봅시다.

① A형 ▶ W04-03　　　② B형 ▶ W04-04

① 다음 한어병음을 보고 그에 맞는 중국어를 써 보세요.

(1) yǐngjí   ···▶ _____

(2) zhìyuànzhě   ···▶ _____

(3) jiāwù   ···▶ _____

(4) chēnghu   ···▶ _____

(5) fùzé   ···▶ _____

② 没有 또는 不比를 이용하여 다음 부정문을 완성하세요.

A: 那位 (1)_____的老奶奶是谁？

B: 那位是我在学校听课的老师。她的讲课太棒了！(2)_____有她
的讲课，很多学生(3)____聚集在教室里。

A: 真的吗？我也想听她的讲课。

3 빈칸에 들어갈 알맞은 중국어 단어를 보기에서 찾아 써 보세요.

> **보기**
>
> | 好了 | 被 | 只有 | 份儿 |

(1) 我的手表____你弄坏了。

(2) 家庭分工怎么没你的_____啊？

(3) 这个自行车修理_____。

(4) _____笑到最后的人，才是胜利者。

4 다음 한국어 문장을 참고하여 중국어 문장을 완성하세요.

(1) 중국에서는 공감대만 있으면, 모두 '친구'가 된다.

⋯⋯▶ 在中国_____有共同语言，大家____都是"朋友"。

(2) 아빠가 엄마보다 밥을 더 맛있게 한다.

⋯⋯▶ 爸爸做饭____妈妈做饭_____。

(3) 이거 잘 물어봤어. 내 일은 열심히 공부하는 거야.

⋯⋯▶ 这个问题问____好，我的工作就是好好学习。

(4) 한국에서는 나이가 같은 사람이어야 '친구'가 된다.

⋯⋯▶ 在韩国，_____同岁的人，____能叫"朋友"呢。

5 다음 질문에 중국어로 대답해 보세요.

(1) 한국과 중국의 문화적 차이에는 어떤 것들이 있나요?

(2) 실제 중국여행에서 느낀 문화적 차이에 대해 말해보세요.

STEP 1 녹음을 들으며 빈칸에 알맞은 단어를 써 보세요.

1 ▶ W05-01

张林　　看，这就是上海＿＿＿＿＿＿的琉璃艺术博物馆。

朴民秀　　＿＿＿＿＿＿这个博物馆很有特点，果然＿＿＿＿＿＿。

张林　　这里一楼是商品区和＿＿＿＿＿，二楼和三楼才是
　　　　＿＿＿＿＿，咱们上去＿＿＿＿＿吧！

朴民秀　　(走上二楼)哇！这儿的琉璃艺术品＿＿＿太漂亮了！

张林　　那当然。不仅如此，这儿的＿＿＿＿＿＿地不错。

朴民秀　　＿＿＿＿＿＿。一来到这儿就能感受到一股＿＿＿＿＿＿
　　　　艺术气息。

张林　　民秀，你看过《＿＿＿＿＿＿＿》吗？

朴民秀　没有，不过我看过小说，是讲＿＿＿＿＿＿＿的故事。

张林　　对啊，电影就是＿＿＿＿＿＿＿的。你可以的话，明天下午我们一起去看吧。

朴民秀　＿＿＿＿＿＿，不过我怕电影的＿＿＿＿太快，我听不懂啊。

张林　　没关系，电影的内容和小说＿＿＿＿。

朴民秀　那好，我就＿＿＿＿＿＿，一边练习听力吧。

STEP ❷ 역할을 바꾸어 대화해 봅시다.

① A형　▶ W05-03　　　　② B형　▶ W05-04

1 다음 한어병음을 보고 그에 맞는 중국어를 써 보세요.

(1) shēngzhí   ···▶ _____

(2) xiūyǎng   ···▶ _____

(3) gǎnshòu   ···▶ _____

(4) jiǎnzhí   ···▶ _____

(5) zhùmíng   ···▶ _____

2 그림을 보고 빈칸에 알맞은 중국어를 써서 대화를 완성하세요.

A: 看，这就是 (1)_____的琉璃艺术博物馆。

B: (2)_____听说这个博物馆很有特点。果然 (3)_____。

A: 这里一楼是商品区和餐饮区，二楼和三楼才是 (4)_____，
咱们上去 (5)_____吧！

B: （走上二楼）哇！这儿的琉璃艺术品简直太漂亮了！

3 빈칸에 들어갈 알맞은 중국어 단어를 보기에서 찾아 써 보세요.

| 字幕 | 改编 | 对白 | 奋斗 |

(1) 这部电影是根据小说_____的。

(2) 我怕电影的_____太快，我听不懂啊。

(3) 我就一边看_____，一边练习听力吧。

(4) 这部电影是讲年轻人_____的故事。

4 다음 한국어 문장을 참고하여 중국어 문장을 완성하세요.

(1) 일찍부터 이 박물관이 매우 독특하다고 들었는데, 과연 소문이 거짓이 아니었구나!

⋯▶ 早就听说这个博物馆_____，果然_____！

(2) 누가 아니라니. 여기 오니 농후한 예술적 분위기가 느껴지는 걸.

⋯▶ _____。一来到这儿就能感受到_____艺术气息。

(3) 이곳의 유리예술품은 정말로 아름답다!

⋯▶ 这儿的玻璃艺术品_____太漂亮了！

(4) 그럼 좋아, 자막을 보면서 듣기 연습도 하지.

⋯▶ 那好，我就_____，一边练习听力吧。

5 다음 질문에 중국어로 대답해 보세요.

(1) 상하이 유리예술박물관 이외에 인상 깊었던 박물관이 있다면 소개해 보세요.

(2) 중국어를 배우고 처음 중국영화를 보았을 때의 느낌을 말해보세요.

STEP ① 녹음을 들으며 빈칸에 알맞은 단어를 써 보세요.

① ▶ W07-01

张林　　民秀，你喜欢＿＿＿＿＿吗？

朴民秀　非常喜欢。＿＿＿＿＿中国的功夫电影。

张林　　那我们就去附近的电影院看《＿＿＿＿》，怎么样？

朴民秀　好啊，我＿＿＿＿想看这部电影了，＿＿＿＿一直没有机会。

张林　　哎呀，我忘了带学生证，＿＿＿＿＿学生票了。

朴民秀　没关系，你不知道吗？十二点以前的票价
　　　　＿＿＿＿＿＿＿＿＿。

张林　　你连这个都知道？你＿＿＿＿＿＿＿＿＿＿了！

朴民秀　电影_____了！原来叶问是李小龙的师父啊！

张林　　是啊，李小龙在十三岁时_____叶问学习了咏春拳。

朴民秀　_____喜欢功夫电影的人_____，李小龙是____熟悉_____。

张林　　对啊，李小龙是_____世界影响力的功夫_____。

朴民秀　我想_____《叶问》和李小龙的情况，怎么上网_____呢？

张林　　在"百度"网站上_____你想了解的内容就行了。

STEP ❷ 역할을 바꾸어 대화해 봅시다.

① A형　▶ W07-03　　　② B형　▶ W07-04

1 다음 한어병음을 보고 그에 맞는 중국어를 써 보세요.

(1) shūrù　　　····▶ _____

(2) jùxīng　　　····▶ _____

(3) shīfu　　　····▶ _____

(4) piàojià　　　····▶ _____

(5) sōusuǒ　　　····▶ _____

2 그림을 보고 빈칸에 알맞은 중국어를 써서 대화를 완성하세요.

A: 对于喜欢功夫电影的人 (1)_____，李小龙是再熟悉

　　(2)_____了。

B: 对啊，他具有世界影响力的 (3)_____。

A: 我想 (4)_____地了解一下。你能告诉我怎么上网资料？

B: 你可以去"百度" (5)_____。

3 빈칸에 들어갈 알맞은 중국어 단어를 보기에서 찾아 써 보세요.

보기

买不了	只是	尤其	具有

A: 我早就想看这部电影，⁽¹⁾_____一直没有机会。

B: 我忘了带学生证，⁽²⁾_____学生票了。

A: 我喜欢中国电影，⁽³⁾_____是中国功夫电影。

B: 李小龙是⁽⁴⁾_____世界影响力的功夫巨星。

4 다음 한국어 문장을 참고하여 중국어 문장을 완성하세요.

⑴ 그의 성적은 다 좋은데, 특히 중국어가 가장 좋다.

⋯▶ 他的成绩都很好，_____。

⑵ 나는 영화 보는 것을 좋아한다. 다만 일이 너무 바빠서 갈 시간이 없을 뿐이다.

⋯▶ 我喜欢看电影，_____，没有时间去。

⑶ 나는 이 내용에 대해 아직 완전히 이해하지 못했다.

⋯▶ 我_____还没完全了解。

⑷ 당신이 내게 어떤지, 속으로 매우 잘 알고 있다.

⋯▶ 你对我怎么样，我心里_____。

5 다음 질문에 중국어로 대답해 보세요.

⑴ 최근 영화를 본 적이 있습니까? 가장 재미있었던 영화를 소개해 보세요.

⑵ 좋아하는 중국 배우가 있다면 얘기해 보세요.

STEP 1 녹음을 들으며 빈칸에 알맞은 단어를 써 보세요.

1 ▶ W08-01

朴民秀　什么是" _____ "? 早上的市场?

张林　你说对了, _____ 早上才有的市场。
卖水果、 _____ 、日用品 _____ 。

朴民秀　早市卖的东西都 _____ 吧?

张林　是啊, 早市还有 _____ 的早点, 热乎乎,
_____ 。

朴民秀　说的我口水都要 _____ , 有时间带我去看看
吧。

张林　早市散场早, 你想去 _____ 你不睡懒觉。

朴民秀　今天百货商场＿＿＿＿活动，
　　　　咱俩去＿＿＿＿＿＿＿＿＿＿。

张林　　好吧，今天就听你的。

朴民秀　这件大衣怎么样？穿上是不是显得＿＿＿＿＿？

张林　　这种款式＿＿＿＿了，颜色也有点儿土。

朴民秀　那这件呢？＿＿＿＿＿＿了吧？

张林　　啊，这件不错，看上去比较有＿＿＿＿，很适合
　　　　你。

朴民秀　那就这件吧。服务员，这件怎么卖？

服务员　现在正好是＿＿＿＿期间，打完折后六百八十元。

STEP ② 역할을 바꾸어 대화해 봅시다.

① A형　▶ W08-03　　　　② B형　▶ W08-04

1 다음 한어병음을 보고 그에 맞는 중국어를 써 보세요.

(1) zhāoqì　　　⋯⋯▶ _____

(2) xiāngpēnpēn　⋯⋯▶ _____

(3) cùxiāo　　　⋯⋯▶ _____

(4) kuǎnshì　　　⋯⋯▶ _____

(5) xìngjiàbǐ　　⋯⋯▶ _____

2 그림을 보고 빈칸에 알맞은 중국어를 써서 대화를 완성하세요.

A: 明天我带你去 (1)_____看看吧。

B: 是吗? 太好了! 早市卖的东西都很新鲜吧?

A: 是啊, 而且 (2)_____的早点, (3)_____,
(4)_____的。

B: 在这儿还卖什么东西?

A: (5)_____、日用品什么的。

3 빈칸에 들어갈 알맞은 중국어 단어를 보기에서 찾아 써 보세요.

> **보기**
> 够　　　除非　　　看上去　　　现

(1) ＿＿＿＿＿＿你还是个大学生吧?

(2) 今年的冬天真＿＿＿冷的。

(3) ＿＿＿＿＿你亲自请他才会来，否则他不回来。

(4) 这是我在商场＿＿＿买的钱包。

4 다음 한국어 문장을 참고하여 중국어 문장을 완성하세요.

(1) 나는 상을 줘야만 노래할 거야.

‥‥▶ ＿＿＿＿＿＿给奖品，我才唱歌。

(2) 오늘 숙제가 정말 많다.

‥‥▶ 今天的作业＿＿＿＿＿＿了。

(3) 그는 점심도 못 먹었다. 보아하니 많이 바쁜 것 같다.

‥‥▶ 他连午饭都没吃，＿＿＿＿＿＿他很忙。

(4) 지금은 마침 할인 기간이고, 할인해서 700위안에 샀다.

‥‥▶ 现在正好是＿＿＿＿＿＿，打完折后七百元。

5 다음 질문에 중국어로 대답해 보세요.

(1) 쇼핑을 할 때 주로 어디로 가며, 보통 무엇을 사러 가나요?

(2) 물건을 싸게 사는 본인만의 노하우가 있나요?

STEP ❶ 녹음을 들으며 빈칸에 알맞은 단어를 써 보세요.

❶ ▶ W09-01

张林　　民秀，你今天怎么＿＿＿＿＿＿啊？

朴民秀　＿＿＿＿＿＿，今天老师问我"＿＿＿＿＿＿"的意思。

张林　　那你是＿＿＿＿＿＿的？

朴民秀　我说"见到漂亮的异性就想搬过去住。"可是同
　　　　学们都大声＿＿＿＿＿＿，我才知道自己答错了。

张林　　错是错了，不过＿＿＿＿＿＿嘛！

朴民秀　＿＿＿＿＿＿＿＿＿。真不够朋友。

朴民秀　我最近交了一个_____，我觉得我们很_____。

张林　在网上"恐龙、青蛙"都成了_____，我可不相信。

朴民秀　什么？"恐龙、青蛙"也会_____？

张林　在网上人们_____"恐龙"，把丑男叫做"_____"。

朴民秀　哦，是吗？不过在_____中，除了相貌，其他的也都可以不说_____。

张林　_____，不过肯定没有在网上吹的那么_____。

STEP ❷ 역할을 바꾸어 대화해 봅시다.

① A형　▶ W09-03　　② B형　▶ W09-04

1 다음 한어병음을 보고 그에 맞는 중국어를 써 보세요.

(1) chuàngyì ···▶ _____

(2) xiàngmào ···▶ _____

(3) chǒu ···▶ _____

(4) qīngwā ···▶ _____

(5) kǒnglóng ···▶ _____

2 그림을 보고 빈칸에 알맞은 중국어를 써서 대화를 완성하세요.

A: 你今天怎么 ⁽¹⁾_____，啊?

B: ⁽²⁾_____，在课堂上老师问我"见异思迁"的意思。

A: 你答对了吗?

B: 回答后同学们都大声 ⁽³⁾_____。我 ⁽⁴⁾____知道自己答错了。

3 빈칸에 들어갈 알맞은 중국어 단어를 보기에서 찾아 써 보세요.

| 网友 | 可 | 才 | 不过 |

(1) 在网上 "恐龙、青蛙" 都成了俊男美女，我＿＿不相信。

(2) 到十一点了，他＿＿上班。

(3) 错是错了，＿＿＿＿很有创意嘛！

(4) 我觉得我和＿＿＿＿很谈得来。

4 다음 한국어 문장을 참고하여 중국어 문장을 완성하세요.

(1) 그건 그래, 나도 그렇게 생각해.

⋯▶ ＿＿＿＿＿＿，我也是这么想的。

(2) 오늘은 나를 놀리지 말아줘.

⋯▶ 今天＿＿＿＿＿＿＿＿。

(3) 올해 삼성 휴대전화 광고는 아주 창의적이다.

⋯▶ 今年度的三星手机广告＿＿＿＿＿＿。

(4) 나는 최근 인터넷 친구 하나를 사귀었는데, 내 생각에 우린 정말 말이 잘 통한다.

⋯▶ 我最近交了一个＿＿＿＿，我觉得我们很＿＿＿＿＿＿。

5 다음 질문에 중국어로 대답해 보세요.

(1) 중국인 친구와 인터넷 채팅을 해본 적이 있나요? 중국어 인터넷 용어를 친구에게 배운 적이 있나요?

(2) 한국과 중국에 동일한 의미를 지닌 성어가 있나요?

STEP 1 녹음을 들으며 빈칸에 알맞은 단어를 써 보세요.

1 ▶ W10-01

张林　你在看什么书啊? 看得那么＿＿＿＿。

朴民秀　我在看＿＿＿＿方面的书呢。

张林　烹饪? 难道你以后想＿＿＿＿?

朴民秀　你猜对了，＿＿＿一名＿＿＿厨师是我一直
　　　　＿＿＿的梦想。

张林　现在很多人＿＿＿自己的梦想，＿＿＿要当医
生，＿＿＿要当律师什么的，你还真是特别啊!

朴民秀　看到别人＿＿＿＿地吃我做的饭菜，
　　　　＿＿＿啊!

朴民秀　听说学校＿＿＿＿开了一家烹饪学院，我想去报一个周末＿＿＿＿。

张林　　我真没想到你马上就＿＿＿＿＿了。

朴民秀　＿＿＿＿＿＿＿嘛。我以前也有过这种想法。

张林　　挺好的，这＿＿＿＿可以让你离理想更进一步，＿＿＿＿也丰富了你的课余生活。

朴民秀　那我下午＿＿＿＿去报名。

张林　　＿＿＿＿＿＿，我要做你的第一个顾客！

STEP ② 역할을 바꾸어 대화해 봅시다.

① A형　▶ W10-03　　　　② B형　▶ W10-04

1 다음 한어병음을 보고 그에 맞는 중국어를 써 보세요.

(1) gùkè ⋯⋯▶ _____

(2) fēngfù ⋯⋯▶ _____

(3) dǐngjí ⋯⋯▶ _____

(4) pēngrèn ⋯⋯▶ _____

(5) kèyú ⋯⋯▶ _____

2 그림을 보고 빈칸에 알맞은 중국어를 써서 대화를 완성하세요.

A: 你以后想当什么?

B: 我想当 (1)_____厨师，这是我 (2)_____的梦想。

A: 现在很多人 (3)_____自己的梦想，(4)_____要当医生，就是要当律师什么的，你还真是特别啊!

B: 看到别人 (5)_____吃我做的菜，多幸福啊!

3 빈칸에 들어갈 알맞은 중국어 단어를 보기에서 찾아 써 보세요.

> **보기**
>
> 等　　　不如　　　入迷　　　一

(1) 你在看什么啊？看得那么_____？

(2) ____你当了大厨，我要做你的第一个顾客！

(3) 心动_____行动嘛。

(4) 我下午____下课就去报名。

4 다음 한국어 문장을 참고하여 중국어 문장을 완성하세요.

(1) 설마 넌 요리사가 되려는 거니?

⋯▶ _____你以后_____厨师？

(2) 행동으로 실천하는 것이 중요하다.

⋯▶ _____。

(3) 일류 요리사가 되는 것이 내가 줄곧 품어왔던 꿈이다.

⋯▶ 当一名_____是我一直_____的梦想。

(4) 난 요리 관련 책을 보고 있었어.

⋯▶ 我在看_____的书呢。

5 다음 질문에 중국어로 대답해 보세요.

(1) 장래희망이 무엇인가요? 또 그것을 이루기 위해 무엇을 하고 있나요?

(2) 롤모델이 있나요? 있다면 누구인가요?

STEP **1** 녹음을 들으며 빈칸에 알맞은 단어를 써 보세요.

1 ▶ W11-01

张林　　民秀，你今天怎么了，这么没_____？

朴民秀　我本来想_____春节回一趟国，结果什么票都

_____。

张林　　按照习俗，中国人春节_____回家过年_____，自
然一票难求。

朴民秀　在中国过年也不错。去年春节时，我和朋友一起
_____，逛庙会，城里到处_____，非常
热闹。

张林　　那为什么韩国的春节总是_____，那么安
静？

朴民秀　韩国人在春节时有_____的祭祀风俗，所以
人们都在家里_____、聊天儿。

朴民秀 新年快乐！谢谢_____，我来给你添麻烦了。

张林 _____！你可是稀客，就是家里没什么好菜_____你。

朴民秀 你可千万别_____，有饺子吃就行。其实我一到_____，就想学包饺子呢。

张林 你这么_____饺子啊，我教你包饺子怎么样？

朴民秀 这包饺子_____容易，做起来还挺难的吧？

张林 是啊，_____，就是许多中国人都不一定会包呢。

STEP ② 역할을 바꾸어 대화해 봅시다.

① A형 ▶ W11-03　　　　　② B형 ▶ W11-04

1 다음 한어병음을 보고 그에 맞는 중국어를 써 보세요.

(1) guàng miàohuì   ···▶ _____

(2) jìngqiāoqiāo   ···▶ _____

(3) fàng biānpào   ···▶ _____

(4) zhāngdēng jiécǎi   ···▶ _____

(5) tuánjù   ···▶ _____

2 그림을 보고 빈칸에 알맞은 중국어를 써서 대화를 완성하세요.

A: 你在中国过 ⁽¹⁾_____都做什么啦?

B: 放 ⁽²⁾_____了，逛 ⁽³⁾_____了，还学会了包 ⁽⁴⁾_____。

A: 好玩吗?

B: 到处张灯结彩的，可热闹了，不像韩国 ⁽⁵⁾_____的。

3 빈칸에 들어갈 알맞은 중국어 단어를 보기에서 찾아 써 보세요.

보기

| 趁 | 挺 | 可 | 拿 |

(1) 我本想____春节回一趟国。

(2) 你可千万别____我当外人。

(3) 哪儿的话! 你____是稀客。

(4) 这包饺子看起来容易，做起来____难。

4 다음 한국어 문장을 참고하여 중국어 문장을 완성하세요.

(1) 새해 복 많이 받으세요! ┈⋗ _____快乐!

(2) 중국 사람은 설은 꼭 집에 가서 보낸다.

┈⋗ 中国人春节____回家过年_____。

(3) 결국 장린에게서 만두 빚는 방법을 배울 기회를 갖게 되었다.

┈⋗ 终于_____向张林学习包饺子了。

(4) 한국사람들은 설날에, 조상에 제사를 지내는 풍속이 있어서, 사람들은 모두 집에 모여 같이 밥을 먹으며 이야기를 나눈다.

┈⋗ 韩国人在春节时有供奉祖先的_____，所以人们都在家里_____、聊天儿。

5 다음 질문에 중국어로 대답해 보세요.

(1) 중국에서 설을 보낸 적이 있나요? 기억에 남는 일을 이야기해 보세요.

(2) 중국에서 기차나 비행기표를 예약할 때 어려운 상황을 겪어본 적이 있나요? 언제인가요?

MEMO

MEMO

MEMO